KB012426

유럽의 상호문화교육

다문화 사회의 새로운 교육적 대안

마르틴 압달라-프렛세이 지음
장한업 옮김

한울
아카데미

이 도서의 국립중앙도서관 출판예정도서목록(CIP)은 서지정보유통지원시스템 홈페이지(http://seoji.nl.go.kr)와 국가자료공동목록시스템(http://www.nl.go.kr/kolisnet)에서 이용하실 수 있습니다. (CIP제어번호 : CIP2017009999)

QUE SAIS-JE ?

L'éducation interculturelle

MARTINE ABDALLAH-PRETCEILLE
Professeur des Universités

Deuxième édition

8e mille

L'ÉDUCATION INTERCULTURELLE

by Martine Abdallah-Pretceille

역자의 말

이 책은 1999년 프랑스 PUF사에서 출간한 *L'éducation inter-culturelle*을 번역한 것이다. 저자인 마르틴 압달라 - 프렛세이 (Martine Abdallah-Pretceille)는 Paris VIII 대학 교육학과 교수로 오랫동안 상호문화교육을 연구한 권위 있는 학자다. 이 책의 전반부는 문화의 제 양상, 영미권의 다문화주의, 유럽의 상호문화주의를 살펴보고, 후반부는 상호문화교육이 이민자녀교육, 외국어교육, 학교교류, 시민교육 차원에 어떻게 이루어지고 있는지를 설명하고 있다.

내가 이 책을 번역하기로 한 것은 유럽의 상호문화교육을 국내에 소개하는 일이 시급하다고 생각했기 때문이다. 이민으로 인한 언어적, 문화적 다양성을 다루는 이론으로는 영미권의 다문화교육과 유럽의 상호문화교육이 있는데, 내가 보기엔 유럽의 상호문화교육은 한국 다문화 사회에 더 많은 시사점을 던져줄 수 있다. 그럼에도 모든 면에서 미국의 영향을 강하게 받고 있는 한국은 다문화와 관련해서도 영미권의 다문화교육 이론을 적극 수용하고 있다. 미국의 뱅크스(James A. Banks), 베네트(Christine I. Bennett),

글래이저(N. Glazer)와 같은 학자들의 책을 번역했고, 국내 학자들이 쓴 책에도 영미권의 다문화교육은 절대적인 비중을 차지하고 있다. 지금 한국에서 이주민 문제와 관련해서 연구하는 학자들이나 현장에서 활동하는 사람들이 자연스럽게 사용하고 있는 '다문화교육'이라는 용어는 영미권의 Multicultural Education을 그대로 번역한 것이다. 이런 편중된 시각을 바로잡기 위해서는 무엇보다도 먼저 다문화 사회 교육의 또 다른 축인 유럽의 상호문화교육을 국내에 적극 도입할 필요가 있고, 이와 관련된 좋은 책들의 번역은 그 첫 걸음이라고 생각했다. 비록 여러 가지로 부족하지만이 책이 국내 학계의 편중된 시각을 바로잡는 데 하나의 이정표가되고 나아가서 한국의 다문화 문제를 효과적으로 해결하는 데 작은 보탬이 되었으면 한다.

끝으로, 이 책의 출간에 도움을 주신 여러 분에게 감사의 뜻을 전한다. 서울대학교 EU연구센터 문우식 교수님은 재정적으로 도움을 주셨고, 도서출판 한울의 김종수 대표님은 이 책의 출간을 흔쾌히 수락해주셨으며, 본교 학부생 연구조교 한은환은 원고를 꼼꼼히 읽어주었다. 다시 한 번 이 모든 분에게 깊은 감사를 드린다.

2010년 8월

장한업

차 례

서론

다원주의(pluralisme)는 새로운 주제가 아니다. 그러나 그 현실은 늘 격렬하다. '옛 유고슬라비아'와 아일랜드 사태, 미국에서의 인종 충돌, 외국인 혐오감과 민족주의의 표출, 극단주의의 대두 등은 다인종, 다언어, 다문화 상황에서 교육의 역할을 정의하고 분석하도록 할 뿐 아니라, 더 나아가 이를 재정립하도록 요구하고 있다.

사회와 교육조직 내의 구조적 이질성은 점점 더 심화되고 있다. 문화, 언어, 사회, 종교, 지역 차원에서 찾아볼 수 있는 구조적 이질성은 특히 지역, 유럽, 세계의 차원에서 점점 더 두드러지게 나타나고 있다. 그래서 이제 그 어떤 집단도 이런 문화적 다양성과 다양화에서 자유로울 수 없다.

시간과 공간의 장벽이 없어져 도처에서 일어나는 사건들을 바로바로 접하는 우리는 이질성(alternité)을 실감하며 살아간다. 타인, 이방인, 이질성은 어디나 존재하며 주변 환경과 일상생활의 일부분이 되었다. 특히 학교는 여러 규범이 상징적으로 충돌하는 장소 중 하나가 되었다. 과거에는 학교가 정치적·사회적 논의 중심에 있었다면 오늘날에는 문화적 논의의 중심에 놓이게 되었다. 기술적 변화가 늘 그런 것은 아니지만 대부분 긍정적으로 인식되기 때문에 (종종 그 효과에 대한 확신도 없으면서) 학교는 이를 적극적으로 서둘러 수용하려 하지만, 사회적·문화적 변화와는 일정한 거리를 두면서 극적·비관적·부정적으로 말하는 경향이 있다.

문화적 다양성은 통제될 수 있는 것이 아니기 때문에 여러 가지 현상으로 나타나며 종종 그 비정상적 상태의 출현은 기능장애를 일으키기도 한다. 이 경우 교사들은 아무런 참조기준이 없어 난처한 상황에 처하게 된다. 문화적 다원성 문제에 대한 오랜 침묵은 지속적인 무질서를 초래하고, 사회화와 교육의 주역으로 학교가 갖는 정체성을 훼손시킨다. 사회와 학교가 문화적 다양성을 가지고 있다고 말하거나 이것의 인정에 그치는 것은 단순한 확인 차원일 뿐 문제를 해결할 수 없다.

사실 다원성은 사회적으로나 정치적으로 전혀 새로운 사실이 아니다. 새로운 것은 다원성의 실현조건들이다. 과거의 학교는 다양성에 순응했고 당시의 사회와 마찬가지로 다양성을 명령과 권위의 체계 속에 포함시켰다. (지역적·계층적) 하위문화가 있어도 사람들은 하나의 문화적 모형을 다른 모형보다 우선시하는 것을 그대로 용인했다. 사람들은 불평등한 관계를 보고도 (기꺼이 또는 마지못해, 좋든 싫든 간에, 역사의 흐름에 따라 실제적으로든 상징적으로든) 모두에게 수용하도록 강요된 강력한 사회적 합의를 문제시하지 않았다.

프랑스의 경우 문화적 다양성의 문제는 위기 때나 논쟁을 벌일 때 말고는 거론되지 않는다. 이런 경향을 사람들이 어쩌면 너무나 쉽게 자코뱅식의 중앙집권적 이상이라고 부르는 것과 연결시켜서는 안 된다. 자코뱅주의는 (사람들이 반대할 수도 있는 하나의) 입장표명인 반면에 모호한 태도나 침묵은 회피의 표현일 뿐이다.

그렇다고 해서 이 문제가 심각하지 않은 것은 아니며, 사회적·교육적 요구는 계속되고 있다. 주동자들은 늘 존재하며 제한된 범위 내에서의 행동은 계속 이루어지고 있지만, 이에 대한 진정한 인정이나 기본적인 지원이 없는 상태라 장기적 전망은 어둡다고 할 수밖에 없다. 문화적 현실을 학교에, 더 나아가서 교육과정에 도입하는 문제는 까다롭고 복잡하다.

그러나 학교가 언제까지나 아무런 방향 설정 없이 머물러 있을 수는 없다. 문화는 보편이라는 이름으로 완전히 부정되거나,

반대로 차이라는 이름으로 하나의 실체처럼 여겨져 역사적·사회적·이념적·정서적·상징적 활동의 중심에 있다. 그 어떤 경우에도 이 문제는 중립적일 수 없으며, 그 누구도 이 문제와 무관할 수 없다.

오늘날 사회는 사회화, 문화화, 교육, 사회성, 정체성 형성, 언어, 의사소통, 세상 및 타인에 대한 태도 등에서 다원적이라는 특징을 가지고 있다. 개인은 그 어느 때보다도 분명하게 '자신이 어떤 사람이 되고자 하는지를 알아야' 하고, 학교는 미래 사회를 위해 어떤 개인을 양성해낼 수 있고, 양성하기를 원하며, 양성하고 있는지 알아야 한다. 이런 의미에서 상호문화교육은 단순한 교육적 선택이 아니라 사회의 지향점이라고 할 수 있다. 우리는 바로 이런 의미에서 상호문화교육의 역사, 구상, 한계, 점진적 변화를 살펴보고자 한다.

제 1 부
선택과 논쟁

제 1 장
모든 형태의 문화

제 2 장
다문화주의에 관한 논의

제 3 장
상호문화주의에 대한 전망

모든 형태의 문화

상호문화에는 문화, 정체성, 민족, 인종, 민족성과 같은 개념이 서로 얽히고설켜 있어서 복잡한 양상을 띠고 있다. 특히 핵심을 이루는 문화와 정체성 개념은 재능, 자유, 지능처럼 이론에 따라 정의가 달라지므로 많은 논쟁을 불러일으킨다. 게다가 이 두 개념은 종종 객관적인 연구도 없이 사회와 학교에 널리 퍼져 나간다. 바로 이런 이유로 이 개념들에 대한 정의·조정·재정의와 이것들의 사용 사이에는 점점 큰 간극이 생기고 있다. 더는 적절하지 않은 낡은 개념적·인식론적 참조기준을 적용함으로써 많은 오류와 방황이 있었고, 이 오류와 방황은 논점을 흐리게 만들어 결과적으로 어떤 결정을 내리는 데 많은 시간이 걸리게 만든다.

1. 소속의 논리에서 도구의 논리로

문화는 사람들 사이에 존재하고 사람을 통해서만 표현된다 (Linton, 1968). 따라서 격리된 문화적 특성이나 구조로 문화적 현실을 객관적으로 파악하려는 것은 헛된 일이다. 게다가 어느 누구도 자기가 속해 있는 문화 전체를 다 알 수는 없다. 결론적으로 분석적이고 규범적인 접근은 구시대적 발상이라고 할 수 있다. 그런 접근은 문화를 마치 실체인 양(Linton, 1968), 아니면 작동적인 개념(Lévi-Strauss, 1977)인 양 여기게 만든다.

문화는 시기, 개인, 집단 등에 따라 여러 가지로 적용될 수 있는 역동적인 개념이어서 화석화(fossilisation)나 축소주의에 빠지지 않는 한 뭐라고 단정하기 어려운 개념이다. 그러나 (M. 미드, R. 린턴, R. 베니딕트 등과 같은) 미국의 문화학자로부터 (M. 오줴, G. 발랑디에 등과 같은) 현대의 인류학자들에 이르기까지 많은 민속학자들이 문화의 역동성을 강조했고, 특히 사피어(E. Sapir)의 변형주의적 접근방식이나 트리안디스(H. Triandis)와 레비-스트로스(Cl. Lévi-Strauss)의 주관주의적 접근방식이 문화의 불안정성과 변화를 재차 강조했는데도 사물화되고 인위적인 문화 개념이 상식처럼 지속되어왔다.

사피어는 문화의 규범을 정의하는 것은 바로 변형이라고 주장했다. 그러나 정체성과 문화의 개념을 논쟁적이고 이념적으로 사용하게 된 것은 무엇보다도 문화는 정태적이라는 정의에 줄곧 의존했기 때문임을 기억해두도록 하자.

표상(représentations)을 파악하기 위해서는 서술적인 접근방식과 어느 정도 거리를 둘 필요가 있다. 문화적 '특성'과 표상은 고유성을 가진 실체가 아니라 해당 맥락이나 다른 것들과의 관계에 달려 있기 때문이다. 모든 문화는 (규범, 관례, 풍습과 같은) 고유한 특성보다는 그것의 출현과 생성조건에 더 밀접하게 관련되어 있다.

문화는 두 가지 기능을 가지고 있다. 첫 번째는 존재론적 기능으로, 사람들이 자기 자신과 다른 사람들에게 나름대로의 의미를 부여하도록 한다. 두 번째는 도구적 기능으로, 사람들이 행동과 태도, 다시 말해 문화를 만들어 새로운 환경에 쉽게 적응하도록 한다.

(용어의 인류학적 의미에서) 전통 사회에서는 존재론적 기능을 상대적으로 느리고 드문 문화적 적응과 조정보다 우선시했다. 따라서 전통 사회에서는 정체성의 정의와 문화의 정의가 거의 일치했다. 그리고 한 문화에의 소속을 바로 정체성과 연결시켰는데, 이는 둘 사이의 혼동 때문이 아니라 집단기억에의 의존, 과거와 현재의 연결, 일치, 오랜 시간(Balandier, 1986)과 같은 전통

적인 인류학적 특성이 두 개념을 가깝게 접근시켰기 때문이다. 그러나 [여전히 용어의 인류학적 의미에서, 특히 오줴(Augé, 1992)와 발랑디에(Balandier, 1974)]가 정의한 인류학적 현대성의 의미에서) 현대 사회는 접촉기회의 확대, 변화의 빠른 속도, 점증하는 복합성과 같은 현실적 요구에 좀 더 잘 부응하기 위해 문화의 도구적 또는 실용적 기능을 훨씬 더 중시한다.

이러한 변화는 참조주의자적 환상(Abdallah-Pretceille et Porcher, 1996a)에 종지부를 찍었다. 여기서 말하는 참조주의자적 환상이란 문화가 사회 활동의 결과라는 사실을 간과하고 마치 현실을 재현하는 것처럼 문화를 다루는 것을 말한다. 이것은 또한 '닫힌 문(huis clos)'의 종말이기도 하다. 즉, 이제는 문화를 언어학, 의사소통이론, 심리학, 사회학과 같은 다른 학문과 연결해 다루게 된 것이다.

문화는 고유한 속성 그 이상의 것으로 심리적·사회적·언어적, 의사소통적 현상들과 더불어 발전한다. 중요한 것은 문화가 현실의 목록을 포함하고 있는지 아닌지를, 그리고 그것이 실제와 부합하는지 아닌지를 아는 것이 아니라 문화를 만들어내는 성운(星雲)과 그 역동성을 이해하는 것이다(Lévi-Strauss, 1964). 실제로 문화의 해석 모형과 일상적인 실행 사이의 거리는 점점 커지고 있다. 새로운 문화의 형성, 혼성, 차용, 조정, 창조 등은 바로 이런 간극 속에 자리 잡고 있다.

문화는 다음과 같은 두 가지 결정요인이 만나는 지점에 위치한다. 하나는 구조나 규범과 같은 개념에 의거한 소속의 논리이고, 다른 하나는 망 조직, 과정, 역동성과 같은 개념에 의거한 관계의 논리이다. 물론 오늘날의 문화적 변동을 설명하는 데는 두 번째 논리가 훨씬 더 효과적이다.

2. 폐쇄와 개방 사이

그렇다고 해서 홀(E. T. Hall, 1971)과 같이 문화를 의사소통으로 한정할 필요가 있을까? 홀은 1940년 보아스(F. Boas)가 내세우고 사피어와 워프(B. L. Whorf)가 지지한 이론, 즉 환경에 대한 인식은 언어를 통해서 이루어진다는 이론을 그대로 수용했다. 그는 이 이론을 의사소통으로까지 확장시켰다. 우리는 "다른 문화에 속하는 사람들은 단지 다른 언어만 사용하는 것이 아니라 다른 감각의 세계에 살고 있다"는 홀의 말에는 쉽게 동의할 수 있지만, 이런 유형의 분석을 유도하는 인과주의적 논리와 결정주의적 논리, 그리고 사회의 이질화가 심화되는 경우 발생하는 부적응에 대해서는 이의를 제기할 수 있다.

실제로 사건의 범람과 공간의 확대, 접촉기회의 확대, 참조기준의 개인화는 (일시적이든 아니든) 차용·혼성·변이 등을 용이하게 함으로써 문화변용(acculturation) 과정을 확산하고 보편화하고 있다. 북미의 문화인류학을 받아들인 바스티드(R. Bastide, 1971)는 프랑스에서 문화변용[1]에 관련된 연구들을 가장 잘 종합하고 발전시킨 사람이다. 그러나 그의 연구들은 본질적으로 이분법적 논리 아래 지배문화가 피지배문화에 끼친 영향에 큰 비중을 두었고 정반대 과정은 무시했으며, 사회를 구성하는 다양한 집단과 하위문화 간의 접촉이라는 수평적 관계는 소홀히 하고 수직적 관계에 비중을 두었다.

이런 이중적 한정은 문화변용[2] 현상을 경시할 뿐만 아니라 부

---

1 문화변용이란 "상이한 문화를 가진 집단이나 개인이 하나 또는 두 집단의 고유한 문화 모형에서 일어나는 변화와 지속적으로 그리고 직접적으로 접촉한 결과 생기는 일련의 현상들 …… 이 정의에 따르면, 문화변용은 문화변화(changements culturels)와 구별되는데, 문화변용은 문화변화의 여러 측면 중 하나이다. 문화변용은 동화(assimilation)와도 구별되는데, 동화는 문화변용의 여러 단계 중 하나이다"(Redfield, Linton, Herskovits, 1936).

2 종종 문화변용 개념은 (a-culturation으로 해석한 결과) 개인이나 집단이 문화를 가지지 못한다는 부정적 의미로 이해되고 있다. 물론 이러한 이해는 사회학이나 인류학으로부터 전혀 지지받지 못하고 있는데도 유감스럽게도 여기저기에 널리 퍼져 있다.

정적으로 인식하게 만들었다. 그러나 가치가 아닌 과정으로서의 문화변용이야말로 상호문화적 논의의 핵심이다. 이런 맥락에서 문화변용은 몇몇 이민자들만이 아니라 상이한 방식과 환경에 따라 모든 사람이 경험하는 것이라는 사실을 상기할 필요가 있다 (Abdallah-Pretceille, 1986).

복잡한 과정인 문화변용은 정치적 요인, (식민주의, 전쟁과 같은) 역사적 요인, (이민과 같은) 경제적 요인, 관련 집단, 지속 시간, (언어, 사고, 문화적 또는 물질적 산물 같은) 관련 요소에 따라 달라진다. 따라서 문화변용은 다양하게 해석되고 재해석된다 (Abou, 1981). 문화변용은 갈등이나 저항을 불러일으킬 수도 있다. 문화변용 과정은 그 비중이 커짐에 따라 문화적 특성의 주된 관심을 심리학과 사회학 쪽으로 옮겨갔다. 그러나 프랑스에서는 이런 현상에 대한 연구가 거의 이루어지지 않다가, 바스티드와 드브르(G. Devereux)의 연구 이후 1980년대에 이르러서야 현대 사회를 다룬 연구들이 나오기 시작했다. 한편, 문화변용 과정의 초기에 나타나는 저항(Bastide, 1971)은 반(反)문화변용이나 적대적 문화변용(Devereux, 1972), 문화적 기능장애(Camilleri, 1982) 등과는 구분해야 한다.

문화변용의 역동성은 진화와 적응의 정상적인 과정이지 결코 문화의 퇴화를 의미하지 않는다. 그것은 정반대로 모든 사회집단이 가지고 있는 역동성을 보여주는데, "닫힌 사회를 열린 사회로 전환시키는 것이 바로 문화변용이기 때문이다. 문명의 만남, 그것의 혼성과 상호영향은 진보의 요인이며, 만약 고통이 있다면 그것은 사회적·문화적 역동성의 이면에 지나지 않는다"(Bastide, 1972).

오늘날 문화는 한편으로는 폐쇄와 포위, 다른 한편으로는 개방과 혼성 사이의 긴장을 보여주며, 그것은 동시에 발전하는 상호모순적인 사회적·정치적 논리에서 드러난다. 실제로 (격화된 지역주의, 체제보수주의, 민족주의, 문화주의 등) 문화적 폐쇄의 유형과 더불어 문화적 다형주의, '다표고(多標高, pluraltitude)'(Durand, 1980), '크레올화'(Glissant, 1993), '문화적 바로크'(Abdallah-Pretceille et Porcher, 1996a) 같은 다양한 형태가 출현하고 있다.

3. 단수에서 복수로

사회가 민주화되면서 사람들은 동시에 또는 순차적으로 여러 집단에 속함으로써 (지역, 성별, 세대, 직업, 종교 등의) 하위문화를 접할 수 있고, 경우에 따라서 그렇게 하도록 강요받는다. 이는 개인을 주체나 행위자로 인정하는 것이다(Touraine, 1984). 개인은 고유한 존재로 살아가며 (가족, 사회, 이념적 집단 등) 출신 집단에서 벗어날 수 있는 선택과 권리를 가지고 있다. 사회적·문화적 현실은 점점 더 다양하게 분화하며 좀 더 가변적이고 역동적으로 변화하고 있다. 이제 문화와 정체성은 복수(複數)가 되었고, 우리는 바로 이런 복수성을 고려해야 한다. 이제 이런 복수성은 규범이 되었기 때문이다.

전통 사회에서의 소속은 상호배타적이며, 한 집단으로의 소속은 미리 강제적으로 결정되어 있었다. 그러나 현대 사회에서는 소속 집단과 참조기준 집단이 여러 개가 됨에 따라 역설적인 경향을 보여준다. 즉, 한편으로는 (지방, 교외, 구역, 계급, 조합, 연령 등) 점점 작아지는 집단이 있는가 하면, 다른 한편으로는 (유럽, 세계, 국제적 연대와 협력 등) 점점 커지는 집단이 있다. 이제 우리는 사회의 축소화와 세계화를 동시에 경험하고 있다.

소속 집단의 종류와 정체성에 관한 정의가 다양해지면서 이를 인정하는 방식도 다양해지고 있다. 이에 따라 개인의 내적 복수성이 개인과 집단 간의 차이에 추가되었다. 이런 복수성은 사람이 특별한 목적으로 전략을 사용하거나 행동을 할 때 좀 더 많은 유연성을 요구한다. 이제 사람들은 단일성과 배타성이 아닌 단계, 영역, '도구상자(boîte à outils)'(Devereux, 1972a) 같은 개념을 사용한다.

만약 한 개인과 그가 속한 집단 간의 관계가 느슨하고 약하며 집단적 특성이 한 집단의 모든 구성원에게 반드시 나타나는 것은 아니라는 사실과 관련된 집단 내적 이질성을 집단 간 이질성에 추가한다면, 정체성은 하나의 독립적 범주가 아니라 역동적·지속적인 구조이며, 더 나아가 적응, 모순, 갈등, 조정, 기능장애(Devereux, 1972a; Camilleri, 1979)의 원천임을 인정해야 할 것이다.

이런 이유로 개인을 그가 맺고 있는 모든 관계를 떠나서 정의하는 것은 점점 어렵게 되었다. (나이, 국가, 문화, 사회집단과 같은) 정체성 표지는 상당히 약하고 흐릿해져서 사라지기 쉽다. 이제 정체성 표지는 더 이상 명확하게 규정된 특정 집단의 소유물이 아니다. 이처럼 정체성이 흐릿해짐에 따라 우리는 타인을 더 이상 명령이나 강제와 같은 기계적 범주화나 표지를 통해 권위적으로 규정할 수 없게 되었다. 따라서 타인을 단 하나의 그리고 동질적 정체성으로 규정하거나 그렇게 규정하도록 가르치는 것을 멈추고, 그를 인정하도록 가르쳐야 한다(Abdallah-Pretceille, 1986).

4. 속성에서 관계로, 기호에서 징후로

단수에서 복수의 정체성 개념으로 옮겨가면서 개인은 그의 특징이 아니라 대인관계와 그가 처한 상황에 따라 정의된다. 다시 말해, 정체성은 상황과 상호작용(Goffman, 1963, 1967; Camilleri et al., 1990)에 맞추어 사용한 전략에 의해 정의된다. 문화와 정체성을 일종의 명령이나 체계로 보던 관점은 생산·대화·행동으로 보는 관점으로 옮겨간다. 개인은 더 이상 소속의 산물이 아니라 그 주체이자 생산자이며 행위자이다.

이런 관점에서 볼 때 문화는 단지 규범이나 기호가 아니라 징후, 즉 관계, 맥락, 상황과 관련된 징후(Abdallah-Pretceille, 1996b)로 이해된다. 기호를 부호로 만들고 그것을 해독하는 분석 작업에 기초한 기호학적 접근방식은 그 오류와 오해로 인해 징후로부터 뭔가를 알아내는 해석적·실용적 접근방식에게 그 자리를 내주고 있다. 문화적 사실은 분석 내에서만 의미를 가진다. 단어와 마찬가지로 문화적 특성 역시 그 사용과 관련된 맥락을 떠나서는 아무것도 의미하지 않는다. 문화적 특성은 기호학적 차원으로 열려 있으며 조정될 수 있다.

5. 문화성

부르디외의 문화사회학은 사회집단과 문화 사이의 관계를 규명하는 데 큰 도움을 주었다. 즉, 구조보다 과정과 역동성을 강조한 그의 연구는 문화 연구에 중요한 영향을 미쳤다.

이제 사람들은 문화가 사회와 의사소통 속에서 이루어지는 모든 형태와 무관한 독립적인 실체가 아니라는 사실을 인정한다. 따라서 사람들의 관심은 문화가, 좀 더 정확히 말해서 문화적 특징이 의사소통, 상호작용, 일상생활의 '연출'(Goffman, 1973) 속에서 어떻게 사용되고 취급되는지를 알아내는 데 있다. 이제 더는 서술이 아니라 '행동 속의 문화'가 중요하다. 복수 문화적 상황에서는 문화적 파편이나 작은 조각보다 문화적 전체성이 더 중시된다. 전통적인 문화 개념은 문화주의에 빠질 가능성이 있기 때문에 혼성과 차용의 복합성을 설명하는 데 적합하지 않다. 반대로 문화성(culturalité) 개념(Abdallah-Pretceille, 1996b)은 문화가 역동적이고 망상(網狀)이라는 사실을, 그리고 뭔가를 알아내는 데 효과적인 것은 구조가 아니라 문화적 흔적이라는 사실을 잘 보여준다. 실제로 개인은 의미 있는 요소들(Schutz, 1971)을 서서히 알아내고 문화적 정보를 자신의 관심과 상황에 따라 선택하고 활용한다. 언어와 마찬가지로 문화도 자신과 타인의 중요한 연출무대인 셈이다.

이질성과 복합성은 변화, 변동, 위반, 사회적 창조, 문화적 창조를 제대로 규명하지 못하는 서술적 연구로는 잘 설명되지 않는다. 서술은 실체를 하나하나 자른다. 그러나 중요한 것은 전체성을 유지하는 것이다. 따라서 속성의 이해가 아니라 설명의 차원에서 접근하려는 사회학과 심리학을 거부해야 한다(Maffesoli, 1985). 핵심은 "기술적으로 이용할 수 있는 이질성"(de Certeau, 1974)을 다루는 법을 배우는 것이며, "복합적인 상호작용과 행동이라는 의미로, 그리고 발생이라는 의미로 정의된 해석을 시도하는"(Balandier, 1985) 생성주의적 학문을 만들어내는 것이다.

이제 핵심 개념은 문화가 아니라 문화적 다양성이다. 이 다양성과 관련된 행동, 사회화, 학습, 의사소통은 차이의 모형이 아니라 잡다(雜多)와 변이의 모형을 통해 감지될 수 있다. 문화성 개념은 이런 복합성을 읽어내게 한다. 역사와 관계 속에 뿌리를 둔 문화는 나름대로 작동하고 폐쇄와 지정(指定)에 얽매이지 않아서 닫힌 정의로부터 벗어날 수 있다. 전통과 문화 요소 그리고 문화를 마치 실체처럼 여기게 만드는 것은 일종의 문화적 독단주의, 나아가서 '문화적 체제보존주의'에 해당한다.

우리는 여기에서 다음과 같은 역설을 만나게 된다. 우리 고유의 사회 속에서 문화라는 변수, 즉 문화 개념의 중요성을 발견하는 순간 그 개념을 넘어서야 하는 그런 역설 말이다. 중요한 것은 문화를 서술하는 것이 아니라 상이한 문화에 속한다고 자처하는 개인이나 집단 사이에서 일어나고 있는 것을 분석하고 문화의 사회적·의사소통적 사용을 분석하는 것이다.

우리는 문화라는 변수가 교육·사회·정치 문제에 개입하고 있다는 사실을 인정해야 한다. 비록 그런 개입이 어떤 형태로 이루어지고 있는지를 경험적으로 알지 못하면서도 말이다. 바로 이런 이유로 누군가 스스로 부여한 특징이 아니라 문화적 현상을 연구할 필요가 있다.

6. 차이와 보편성 사이

정체성 문제는 문화의 다양성, 그리고 차이의 문제와 관련이 있다. 정체성 문제는 양도논법(兩刀論法)이나 역설에 빠지기도 하는데, 양도논법이나 역설은 매우 복잡한 문제인 만큼 결코 간명하거나 중립적이지 않은 심리적·교육적·사회적·정치적 입장을 취하도록 한다. 차이와 보편성 사이의 변증법적 관계는 둘 중에 어느 하나에 치중함으로써 극복할 수 없는 이질성을 내세워 폐쇄의 논리를 유도하거나 유사성과 절대적인 평등을 내세워 동일화의 논리를 유도할 수도 있다. 그 모호함이나 위험 중 몇 가지를 소개하면 다음과 같다.

- 차이 인식에 대한 교화: 도덕적 암시, 가치판단, 위계질서의 원칙은 차이에 대한 논의를 어렵게 만든다. 차이는 곧 '좋다, 나쁘다, 우월하다, 열등하다'(Todorov, 1982)라는 용어로 표현된다. 또한 그것이 일종의 위협(de Certeau, 1969)처럼 느껴지면 공격적이라는 인상도 줄 수 있다.

- 차이를 일종의 결함으로 해석할 수 있는데, 교육적 차원에서 이것은 균형을 회복하고 '규범'으로 돌아가게 하는 보충교육으로 이어진다.

- 차이를 극단적으로 몰고 가는 한 형태는 차이에 대한 권리를 요구한다. 이런 요구는 역설적으로 인종차별론의 근거 중 하나가 되고 있다(Guillaumin, 1972; Camilleri, 1975; Taguieff, 1987). 차이에 대한 모든 논의는 차이를 위한 차이를 부각시킬 수 있고, 그 결과 문화의 '인종화' 형태로 전락할 수 있다(Abdallah-Pretceille, 1986). 차이에 대한 강조는 '우리'와 '그들'을, '나'와 ('너'가 아닌) '그'를 구분하고 분리하고자 하는 의도로 볼 수 있고, 표시와 지정(Apfelbaum, 1976)을 통해 지배하려는 의도로도 볼 수 있다.

- 탈맥락화로 인한 화석화, 즉 살균방부처리 과정을 통해 만들어진 이국정취 정도로 여겨질 수도 있다(Segalen, 1978).

- 차이를 설명하고 정당화시키는 가치는 가시적인 합리화를

통해 거부와 지배를 인정한다. 예를 들어 문화적 거리라는 개념은 그것이 비록 부정되기는 했지만(de Rudder, 1987) 상대방을 불신하거나 나아가 배제하는 정책을 지지할 수 있다. 투렌(A. Touraine)에 따르면, "차이, 특수성, 정체성을 내세우는 모든 움직임은 사회적 관계에 대한 모든 분석으로부터 쉽게 빠져나갈 수 있다"(Touraine, 1978).

• 위계적이고 불평등한 관점이 대두될 수 있는데, 그 이유는 타인의 차이를 표현할 수 있는 권리와 능력을 지배집단이 가로챌 가능성이 있기 때문이다. 그 의도가 인정이냐 존중이냐는 그리 중요하지 않다. 몇몇 사람들은 차이를 인정한다고(또는 부정한다고) 선언하고, 다른 사람들은 차이를 요구한다. 모든 차이는 암시적이든 명시적이든 규범과 관련해서 표현되는데, 그 표현은 합법적인 위치에 있는 일부 사람이나 집단에 의해서만 가능하다(Bourdieu, 1982). 차이의 과장은 사회적 차별이나 우월감을 은폐할 수 있다. 그러나 우리는 차이에 관한 논의에 이런 파행과 모호함이 있다고 해서 그 논의가 처음에 진화론적 개념과 단일성의 이념에 대한 반작용으로 시작되었음을 잊어서는 안 된다. 차이의 과장과 축소 사이에는 일종의 균형점이 존재하는데, 이 균형점은 다양성 모형으로 이어진다. 차이와 다양성의 개념은 너무

자주 혼동되고 뒤섞여 어떤 원칙과 현실을 은폐함으로써 논의와 방향 설정을 어렵게 만든다.

• 집단 간의 문화적 차이를 매우 심하게 화석화시켜 경제적·사회적·종교적 소속에 관련된 개인 간의 차이, 그리고 개인 내적 차이를 무시하는 경향이 있다. 문화는 사회와 마찬가지로 동질적이지 않다. 다원성과 다양성은 삶의 중심에 있다. 사회학자, 민족학자, 심리학자는 모두 고유한 방식으로 분화 과정을 연구해왔다. 그런데 이런 지적 유산을 착복하면서부터 축소주의적 담론은 개인이나 집단을 단일 차원의 축소된 정체성 속에 가두거나 격리하는 수단으로 성행했다. 미국의 흑인(Young et Chassy, 1971), '프랑스 태생 마그레브인', 프랑스의 이민자, '2세대'는 그 좋은 예이다(Abdallah-Pretceille, 1986). 중요한 것은 한편으로 한 집단 내의 이질성을 인정·허용하는 것이고, 다른 한편으로 자신의 고유한 이질성을 받아들이는 것이다. 다양성은 인간의 본질을 구성하는 요소이며, 자신의 고유한 다양성을 인정하는 것은 타인의 다양성을 인정하는 필수 조건 중 하나이다. 자신의 내적 다양성과 존재의 복수성을 인정하지 못하는 사람은 타인의 다양성을 이해할 수 없다.

• 문화적 다양성은 자연스럽게 주어진 것이다. 이에 반해 동

질성은 (전체주의, 파시즘과 같은) 정치적 성향, (분파와 같은) 사회적 경향, (권위주의와 같은) 심리적 성격의 자의적인 행위의 결과나 소산일 뿐이다. 결과적으로 이질성은 예외가 아니고 장애는 더더욱 아닌 하나의 규범이다. 차이는 종종 자연스럽게 주어진 것처럼 여겨지고 그렇게 다루어지기도 하지만, 다양성은 그 불안정성으로 인해 그리 쉽게 표본으로 만들 수 없다. 실제로 차이는 개인이나 집단 사이의 역동적 관계의 표현일 뿐이다. 그 어떤 유형의 극단화로도 설명되지 않는 다양성은 범주보다 과정과 관련된 문제이고, 결과적으로 보편성의 축에 가깝다.

• 다양성의 수평적·다극적(多極的) 구성은 차이의 이원적·위계적 관점과 대립된다. 지속적으로 분화하고 있는 문화는 (수용 사회/출신 사회, 다수/소수, 지배/피지배와 같은) 이분법을 거부하고 공동체 간의 관계와 변화를 고려하게 한다. 물론 이런 관계는 모호성, 반박, 곤경으로부터 결코 자유롭지 못하다. 차이의 논리는 실체를 분리시키는 단자적(單子的) 논리와 함께 불평등한 관계에 속한다. 왜냐하면 차이의 인정은 현실적 차원이 아닌 상징적 차원에 속하기 때문이다. 이 논리는 거리, 나아가서 거부를 인정한다. 바로 이런 이유로 사람들은 매우 모호한 '차이'라는 용어보다 다중참조적

(multiréférentielle)이어서 비판을 덜 받는 '다양성'이라는 용어를 더 선호한다.

상대주의의 필요성을 점검하면서 미국의 문화주의자들은 보편성의 원칙을 인간을 정의하는 기준으로 삼았다. 그런데 그들이 보편성에 큰 관심을 보이기 시작한 것은 바로 심리학을 통해서였다(Dufrenne, 1953). 로하임(G. Roheim), 바스티드, 드브르 등은 차이 자체보다는 차별화 과정에 초점을 맞추어 문화의 보편성과 인간 본성의 보편성을 강조했다(Roheim, 1967; Bastide, 1971; Devereux, 1972b). 로하임은 오이디푸스 콤플렉스의 보편성에 의거해 문화적 상대주의 원칙을 반박했고, 바스티드는 문화는 은유(métaphores)이며 동일한 현실을 표현할 뿐이라고 주장했으며, 드브르는 인간 심성의 보편성은 차별화 능력 내에서만 존재한다고 강조했다. 이 세 사람은 차이에 대한 세세한 지식보다 일반적인 문화 이론에 대한 지식에 주목했다. 그들은 문화의 본질과 기능에 대한 이해와 함께 문화의 일반적 범주와 이 범주들이 특정 문화 속에서 가질 수 있는 내용 사이의 구분을 강조했다.

따라서 보편성의 원칙은 다양성의 원칙과 같은 성질을 가졌다고 말할 수 있다. 그것을 메를로 - 퐁티(M. Merleau-Ponty)는 '측면의 보편주의', 사르트르(J. P. Sartre)는 '독특한 보편성'(Sartre, 1990),

리쾨르(P. Ricœur)는 '맥락 속의 보편성'(Ricœur, 1990)이라고 불렀다. 왈저(M. Walzer)는 돌출의 보편주의와 반복적 보편주의를 구분했는데(Walzer, 1992), 후자는 개체주의와 복수주의에 관심을 갖는다는 점에서 전자와 구분된다. 따라서 보편적인 것과 개별적인 것을 대립시키는 것은 별 의미가 없다. 왜냐하면 이 둘은 상호보완적이기 때문이다. 문화와 정체성은 이런 영속적인 긴장 속에 존재한다. 그런데 이 긴장은 정체성이 충성과 영향의 복수성 속에서 개인의 선택과 전략에 따라 점차로 덜 결정적으로 형성되면서 점점 커지고 있다.

이렇게 해서 차이에 관한 연구는 다양성과 보편성이 서로 영향을 주고받는 상황과 그 관계에 관한 연구에 자리를 내주게 되었다. 보편성 원칙은 종종 그것의 변질된 형태에 불과한 보편주의와 혼동되기도 한다. 이런 혼동은 '동일성(identité)'과 '동일한 것(identique)'이 뒤섞이고 동화된 것으로, 개별적인 것을 훨씬 큰 전체로 일반화시키는 과정을 통해 이루어진다. 보편주의에 대한 비난 때문에 보편성의 원칙까지 부정해서는 안 된다.

제2장

다문화주의에 관한 논의

북미의 다문화주의 개념은 유럽의 다문화주의 개념과 다르다. 원주민 문제, 노예 문제, 원주민과 흑인에 대한 시민권 제한, 그리고 (전쟁 전에는 유럽으로부터, 이후에는 전 세계로부터의) 이민자 문제는 미국의 역사에 깊이 새겨져 있고, 사람들이 문화적·민족적 복수성에 얼마나 큰 관심을 가지고 있는지 잘 설명해주고 있다. 미국에서 복수 문화주의가 등장한 것은 1960년대의 시민권 운동과 관련 있는데, 이는 (모든 곳으로부터 그리고 모든 사회적 조건 하에 이민 온 사람들을 하나의 동일한 문화 속에 통합시킨다는) 멜팅 포트[1] 이론으로 대표되는 이민정책의 연장선에서 이해할 수 있다.

---

1 이 용어는 1908년에 공연된 쟁윌(I. Zangwill)의 연극에서 비롯됐다.

멜팅 포트에 대한 환상과 환멸은 매우 빨리 드러났고 분석되었다(Glazer and Moynihan, 1963; Gordon, 1964).

캐나다는 다문화적 시민성 모형을 채택했다(Esses et Gardner, 1996a). 1982년 캐나다에서 반포된 권리 및 자유 헌장은 다문화주의를 법적으로 명문화했다. 이 다문화주의는 1988년 다문화주의의 유지와 옹호에 관한 법률[2]에 의해 재천명되었다. 또한 '이중 소속'의 원칙도 인정되었다. 왜냐하면 이 원칙은 통합을 용이하게 하는 것으로 인식되었기 때문이다. 캐나다의 공식 문서에 '다문화주의', 통합, (상호문화적 이해와 관련된 프로그램 차원에서의) '상호문화주의' 같은 용어들이 함께 사용되는 것을 보면, 복잡하고 미묘한 현실에 대한 배려를 문서로 나타내거나 실행에 옮기는 것이 얼마나 어려운 일인지를 쉽게 이해할 수 있다. 실제로 캐나다의 퀘벡 문제는 캐나다 연방 정부의 정책결정과 신중한 태도에 큰 영향을 끼치고 있다.

유럽에서 다문화주의라는 용어는 특히 (나라에 따라 민족이라고

---

2 전문(前文)에는 "인간의 권리에 관한 캐나다 법률은 모든 사람이 사회 속에서 자기의 의무와 권리에 부합하는 한 성공할 수 있는 균등한 기회를 가짐을 인정한다"고 명시적으로 규정하고 있다. 캐나다는 장관 한 사람을 두어 다문화주의 정책을 책임지고 실행하도록 하고 있다.

부르기도 하고 이민자라고 부르기도 하는) 소수자들과 관련이 있는데, 이 소수자들은 (스웨덴, 네덜란드, 영국 등의) 국가적 전통에 따라 국가 속에 통합되어야 하는 대상으로 여겨왔다.

1. 정의 및 특징

오늘날 문화적 다양성을 다루는 두 가지 모형이 있다. 하나는 앵글로색슨의 다문화 모형으로, 모든 사람에게 국가-국민과는 다른 공동체에 속할 수 있도록 허용한다. 다른 하나는 프랑스어권의 상호문화적 모형으로, 아직까지 정치계나 교육계에서 공식적으로 분명하게 천명된 적은 없지만 다문화적 흐름에 대한 강력한 대안으로 떠오르고 있다.

다문화주의는 다음과 같은 몇 가지의 원칙과 전제를 바탕으로 한다.

소속집단에 우선권 부여. 개인은 무엇보다도, 그리고 본질적으로 집단의 구성 요소이다. 개인의 행동은 소속 집단에 의해서 정의되고 결정된다. 집단의 정체성은 개인의 정체성보다 우선하며 민족적·종교적·이민자적·성적 차이점은 인정된다. 다문화주의는 차이점을 합하고 집단을 병렬로 위치시킴으로써 일종의 모자이크적 사회를 구성한다. 차이점을 합산하는 다문화주의는 구조, 특징, 범주를 우선시한다.

문화적 집단에 대한 경험적 정의에 기초한 다문화적 관점은 집단을 사회적·정치적·교육적 현실 속에 위치시킨다. 이 과정에서 각 집단은 동질적이라고 여겨지고 내적인 다양성은 집단의 전체성을 위해 무시된다. 따라서 개인은 집단 내에서 동일한 가치와 행동양식을 가진다고 여겨진다. 즉, 집단은 유사성에 기초하고 정체성은 동일한 것에 기초해 구성된다. 이런 관점에서 볼 때 규범은 매우 중요한 위치를 차지한다. 규범은 당연히 준수되어야 한다. 그 이유는 집단에 대한 정의 자체가 규범에 기초하기 때문이다. 집단의 논리는 규범적이고 나아가서 강제적이다. 집단은 암시적으로 또는 명시적으로 공식화되고, 동일시되고, 범주화되고, 분류되고, 나아가서 위계화된다. 다문화주의는 개인과 집단의 이런 상호관계에 기초를 두고 있다.

다문화주의의 변형 중 하나는 '부족의 귀환'과 같은 공동체주의(communautarisme)다. 미국의 법적·제도적 기초 위에 개발된 이 논리는 프랑스에서도 찾아볼 수 있다. 프랑스에서는 종교, 문화적 출신, 출신 지역 등과 같은 몇몇 정의 기준과 소속 기준을 지나치게 강조하는 뭔가 석연치 않은 여러 가지 형태로 나타난다.

차이의 공간화. 여기에서 공간화는 민족 단위의 구역을 특수부

락(ghettos) 같은 변형된 형태와 함께 만드는 것을 말한다. 다문화주의는 차이만큼이나 많은 특정한 공적 공간을 만들어낸다. 목적은 (중국 구역, 그리스 구역, 이탈리아 구역과 같이) 스스로 부여하거나 타인에 의해 부여된 기준에 따라 동질적이라고 여겨지는 사회적·지리적 공간을 만들어 차이점들을 키워나가는 데 있다.

각자의 권리를 보장하는 특수하고 정교한 법률 제정. (민족적·성적·종교적) 소수자들을 법적으로 인정한다는 것은 할당정책, 긍정적 차별('적극적 행동', 1964) 등과 같은 권리를 인정함을 말한다. 집단과 개인의 관계는 어떤 사람의 권리 대한 다른 사람의 권리라는 식으로 정해진다. 미국인의 일상생활 속에서 중요한 역할을 하는 것은 바로 이런 권리이다. 이것은 권리의 역동성과 차이 인정의 역동성을 연결해 사회를 기술적으로 조직하는 것을 의미한다(Abdallah-Pretceille, 1996b). 이와 관련해 개인과 시민의 권리를 내세우는 프랑스는 소수자에 대한 법적 개념과 권리를 인정하지 않는다는 사실을 염두에 두어야 한다.

문화상대주의의 인정. 본래 미국 문화주의자들이 생각해낸 문화상대주의는 문화를 민족학자적 관점으로만 분석·관찰·비교하는 문화진화주의에 대립해 발전했다. 문화상대주의란 각 문화적 요소는 그것이 속하는 문화적 맥락과 관련시켜 살펴보아야 비로소 제대로 파악할 수 있다는 이론으로, 본질적으로 중심에서 벗어나기를 통해 문화의 민족중심주의적 관점을 약화시키고자 한다.

해석 체계로서의 규범을 철저히 상대화하고 통속화한 것은 규범의 위상을 떨어뜨리려는 정치적·사회적 회유였다고 할 수 있다. 그것은 무엇보다도 특수성에 극도의 비중을 두어 보편적 차원을 무시하고 체계의 동등한 가치를 무조건 인정함으로써 문화상대주의를 절대화하려는 시도였다. 그 결과 문화상대주의는 규범의 문제점과 대립을 보여주고 규범과 행동의 아노미 상태로 만들어 마침내 정치적·교육적 개혁을 가로막게 되었다.

공공장소에서 차이점을 표현하기. 공공생활에서 차이점을 드러내는 것은 차이점을 인정하는 가장 좋은 방법으로 여겨진다. 초·중등학교, 대학교, 구역, 기관들은 문화적 차이점을 표출하고 그것을 사회적으로도 가시화해야 한다. 반면에 다른 나라들, 특히 프랑스처럼 비종교 국가에서는 (종교나 관습과 같은) 차이점들을 자유롭게 표현할 수 있는 곳은 사적 공간으로 한정되어 있다. 공공장소에서는 개인과 시민 간의 공통점만 표출할 수 있다.

이처럼 다문화주의는 차이점을 명백히 드러냄으로써 사회적·문화적 동질성을 부정하고 사회조직의 복수적 구성을 쉽게 인정하도록 하는 노력이라고 할 수 있다.

2. 다문화교육

학교가 다원적 변화를 어떻게 받아들여야 하는가라는 질문에
대한 답은 국가나 시대에 따라 다르다. 그러나 사회적·정치적 차
원에 뿌리내린 다문화적 추세는 교육계에도 큰 영향을 끼치고
있다. 다문화교육은 국가가 여러 가지 다른 교육계획을 실시한
후 문화적 역동성을 조절하고 교육체계를 다양한 문화 집단의
요구에 맞추고자 하는 시도라고 할 수 있다. 앵글로색슨계에서
다문화교육이라는 표현을 쓴 것은 오래된 일이고, 미국에서는
대학을 포함해 여러 곳에서 널리 사용되고 있다. 다문화주의는
공식적으로 인정되고 있으며, 이와 관련된 연구와 저서도 매우
많이 나왔고 또 널리 보급되었다(일부 저서는 6판[3]까지 나왔다).

그러나 '다문화주의'라는 용어는 여러 가지 의미로 해석되고
있다. 교사가 출신 배경이 다른 가족의 관습과 전통을 알려주기
위해 하는 단순한 질문으로부터, 학교 내의 그리고 학교에 의한
인종적·민족적·성적 차이에 대한 배려, 나아가서 민족학교의 설
립에 이르기까지 매우 넓은 범위에서 사용된다. 또한 주 정부들이

---

3 James A. Banks, *Teaching Strategies for Ethnic Studies*, Boston: Ed. Allyn
& Bacon, 6ᵉ éd., 1997.

연방 구조를 가지고 있는데다 교육 정책을 포함한 자율성까지 가지고 있어서 다문화교육 프로그램이 약간씩 다를 수 있다. 그러나 모든 프로그램이 기본 원칙을 준수하고 있으며, 무엇을 선택하고 있는지 분명히 밝히는 동시에 그것이 단지 다른 여러 교육 정책 중 하나가 아니라 기본적인 방향 설정임을 천명하고 있다.

(시카고의 루스벨트 대학, 일리노이의 내셔널 - 루이 대학, 시애틀의 워싱턴 대학과 같은) 미국 대학 내에는 민족연구와 다문화교육을 연결하는 많은 교육 과정이 개설되어 있다. 이 교육 과정은 지식과 태도를 모두 중시하고 있다. 다문화교육은 본질적으로 소수자와 이민자와 관련이 있으며, 관련 프로그램은 아주 많고 다양하다. 일부 프로그램은 ('아프리카 미국인', '스페인계', '최초의 미국인'과 같이) 특정 집단을 대상으로 하는 다문화교육 과정을 제시하고 있다. 그 목표는 모든 교육 프로그램이 교실 내에 있는 문화적·지적 잠재력을 최대한 개발하도록 하는 데 있다. 다문화교육 과정은 학생에게 자신이 가지고 있는 인종적 편견을 인식케 하고, 다양성과 상호의존성을 세계적 추세로 만든 사회적 변화를 이해하도록 한다.

학교는 다문화교육 프로그램을 통해 다음과 같은 역할을 수행해야 한다(Banks, 1997).

- 민족적·문화적 다양성을 인정하고 존중한다.
- 민족적·문화적 집단의 참여를 원칙으로 사회적 통합을 시도한다.
- 모든 사람과 집단에게 평등한 기회를 부여한다.
- 사회를 모든 사람의 동등한 존엄성과 민주주의적 이상을 토대로 건설하고 발전시킨다.

1976년 뱅크스(J. A. Banks)의 주도하에 다문화교육 프로그램의 큰 틀을 제시하는 지침서[4]를 발간했는데, 이 지침서는 1991년 수정을 거쳐 국가사회과학위원회(National Council for the Social Studies: NCSS)에 의해 채택되었다. 이 지침서는 모두 23개 항목으로 이루어져 있는데, 프랑스에는 다문화교육에 대한 출판이나 번역이 이루어지지 않은 만큼 이것을 여기에 그대로 소개하기로 한다.[5]

4 저자의 개인적인 번역이다.
5 몇몇 출판물을 예로 들면 다음과 같다. J. A. Banks et A. McGee Banks (sous la dir.), *Multicultural Education: Issues and Perspectives*, Boston: Allyn & Bacon, 1993; J. A. Banks(sous la dir.), *Handbook of Research on Multi- cultural Education*, New York: Macmillan, 1995; C. Sleeter et C. A. Grant, *Making Choices for Multicultural Education: Five Approaches to*

1_ 민족적·문화적 다양성은 학교의 모든 수준과 측면에서 나타나야 한다.

2_ 학교교육의 방침과 교재는 긍정적인 다문화적 상호작용을 권장하고, 학생·교사·교직원 간의 이해를 원활하게 해야 한다.

3_ 한 학교의 교사와 교직원은 미국의 민족적·문화적 다양성을 반영해야 한다.

4_ 학교는 교사와 교직원을 위한 체계적이고 전반적이고 의무적인 지속교육 프로그램을 마련해야 한다.

5_ 학습 프로그램은 학교 공동체 내 학생들에게 문화적으로 적절한 학습방법과 정신을 반영해야 한다.

6_ 다문화 학습 프로그램은 학생에게 자아의식을 최대한 발전시킬 수 있는 기회를 지속적으로 제공해야 한다.

7_ 학습 프로그램은 학생들이 미국 내 민족적·문화적 집단이 살아온 경험 전체를 (다시 말해, 이 집단들이 겪은 어려움과 그들이 북미 사회에 기여한 것을 비롯한 긍정적인 경험을) 이해할 수 있도록 구성되어야 한다.

Race, Class and Gender, New York: Merrill, 1988; C. Sleeter et P. McLaren, *Multicultural Education, Critical Pedagogy and the Politics of Difference*, Suny Press, 1995.

8_ 학습 프로그램은 학습자에게 인간사회에서는 이상과 실제 사이에 괴리가 늘 존재한다는 사실을 이해시켜야 한다.

9_ 프로그램은 미국 내에서 실행 가능한 문화적·민족적 선택과 대안을 개발하고 명확히 해야 한다.

10_ 프로그램은 민족적 다원주의와 문화적 다양성을 지지하고 국가 - 민족을 구성하고 유지하는 가치·태도·행동을 권장해야 한다. '여럿으로부터 이루어진 하나'라는 국가공통문화는 학교와 민족의 목표가 되어야 한다.

11_ 프로그램은 학생들이 결정을 내릴 수 있는 능력, 사회적 참여, 정치적 성과 등에 대한 감각을 개발해 민주적이고 다원주의적인 국가의 유능한 시민이 될 수 있도록 유도해야 한다.

12_ 프로그램은 학생이 집단 간 효과적인 상호작용—그것이 개인 간이든 민족 간이든 문화 간이든—을 잘 수행하는 데 필요한 능력을 개발하도록 유도해야 한다.

13_ 프로그램은 지속적이고 포괄적이어야 하고, 민족 및 문화 집단 전체를 제시해야 하며, 학교 프로그램 전반과 통합·운영되어야 한다.

14_ 프로그램은 민족 및 문화 집단의 존재 조건, 사회적 실상, 역사적 경험, 문화에 대한 지속적인 연구 결과를 일정 수의 인종적 구성과 더불어 다루어야 한다.

15_ 프로그램의 구상과 실행은 학제적이고 다학문적 접근방식에 의거해야 한다.

16_ 프로그램은 민족 및 문화 집단을 연구하기 위해 비교주의적 접근방식을 사용해야 한다.

17_ 프로그램은 학생들이 다민족적·다문화적 전망과 관점에서 사건, 상황, 갈등을 분석하고 이해하도록 유도해야 한다.

18_ 프로그램은 미국의 발전을 다차원적 사회의 발전으로 이해하고 표현하도록 유도해야 한다.

19_ 프로그램은 학생들에게 여러 민족 및 문화 집단의 심미적 경험에 공감할 수 있는 기회를 제공해야 한다.

20_ 학교는 학생들에게 민족 집단의 언어를 합법적인 의사소통 수단으로서 배울 수 있게 해주고, 학생들이 적어도 두 개의 언어를 구사할 수 있도록 도와주어야 한다.

21_ 프로그램은 경험 학습을, 특히 지역 공동체의 재원을 최대한 활용해야 한다.

22_ 학생을 평가하는 방법에 그의 민족 및 문화적 경험을 반영해야 한다.

23_학교는 민족적·문화적 다양성 교육과 관련된 목표, 방법 및 교재를 지속적이고 체계적으로 평가해야 한다.

이 지침서는 23개 항목 다음에 각 항목에 해당하는 방대한 평가 문제를 싣고 있다. 그런데 이 지침서 저자들은 민족 집단과 문화 집단을 구분한다. 단 하나의 정의로 명시하진 않았지만, 저자들은 조작적 정의를 참조하고 있다. 그들에 의하면, 민족 집단은 문화 집단의 한 특수 형태이다. 민족 집단은 다음과 같은 특징을 가진다.

- 민족 집단의 기원은 국가 - 민족의 형성보다 앞서거나 아니면 국가 - 민족 밖에 있다.
- 비록 개인이 민족 집단에 의도적으로 가입할 수 있다 할지라도 민족 집단은 '비의도적인' 집단이다.
- 민족 집단은 조상으로부터 물려받은 전통을 가지고 있고, 구성원은 모두 동일한 민족에 속하고 운명이 동일하다고 믿고 있다.
- 민족 집단의 가치체계, 행동양식, 관심사는 그 집단 고유의 것들이다.
- 민족 집단의 존재는 그 구성원의 삶에 영향을 끼친다.
- 민족 집단에의 소속은 구성원 스스로가 정의하는 방식뿐만 아니라 다른 사람들이 그를 정의하는 방식에도 달려 있다.

이런 정의는 (아프리카계 미국인, 일본계 미국인과 같이) 인종적으로 구별되는 집단, (유태계 미국인과 같이) 문화적·종교적으로 구별되는 집단, (폴란드계 미국인과 같이) 출신 국가에 따라 구별되는 서로 다른 집단을 동일한 하나의 용어로 묶을 수 있게 해준다.

반면, 문화 집단은 행동양식, 상징, 가치에 따라 정의할 수 있다. 다시 말해 집단에 따라 다른 의미를 가지거나 다르게 해석될 수 있는 구체적인 측면보다 일상생활 속에서는 잘 잡히지 않는 측면에 의해 더 잘 정의할 수 있다.

어쨌든 용어는 집단을 구분·명명·분류하는 과정에서 겪는 모순, 어쩔 수 없는 어감 차이, 곤란함을 넘어서서 실제적이거나 상징적인 사회적·정치적 목표에 대한 의미상의 번역일 뿐이다. 용어는 본질적으로 정의와 범주화로부터 만들어진 사회적 관례를 따른다.

오늘날 다문화교육 개념은 여러 가지 비판에서 완전히 자유롭지는 않지만 민족 집단, 문화 집단, 연령대, 성별, 종교 등 집단 간의 차이와 관련된 모든 형태로 확산되고 있다. 실제로 다문화주의의 논리적 귀결이라고 볼 수 있는 학교의 다원주의는 학교의 규범 문제를 완전히 없애지 못했지만 상당히 축소시키고 있다. 중요한 것은 집단의 규모나 사회학적·인류학적 특성이 어떻든 간에 학교를 그 다양한 집단에 맞추는 것이다.

앵글로색슨의 다문화주의는 프랑스와는 다른 역사적·정치적·교육적 전통에 기초하고 있으며, 그것의 오류와 방황은 시도·참여·결정의 결과에 지나지 않는다. 동일한 문제에 대해 다른 나라들, 특히 프랑스가 보여주는 형세관망주의나 자유방임주의는 종종 미국인조차 서슴없이 비판하는 선택을 그리 심하게 비판하지 않는다. 슐레진저(A. Schlesinger)의 지적처럼 다문화주의는 본래 추구한 것과는 상반된 효과를 가져올 수도 있고(Schlesinger, 1993a) '백인 신교도 앵글로색슨계 미국인(WASP)'의 인구 감소를 동반할 수 있기 때문에 인종주의를 부추길 수도 있다. 실제로 1901년과 1920년 사이에 85.2%에 달했던 유럽인의 이민은 1989년 11%로 줄었다.[6] 슐레진저는 민족중심주의를 저지하고 학교 내에서 아프리카중심주의를 인정하지 말아야 한다고 주장한다. 그에 따르면(Schlesinger, 1993b), 자신이 학대를 받고 있다고 밝히는 것은 사회적 지위를 획득하는 수단이 되었다. 미국교원연맹의 회장인 쉔커(A. Shanker)는 공민교육을 민주주의를 강화하고 사회적 응집을 보장할 수 있는 유일한 수단이라고 강조했다(Shanker, 1995). 쉔커가 보기에 다문화주의는 결코 집단의 권리로 축소되어서는 안 된다. 왜냐하면 그것은 시민사회를 붕괴시킬 위

---

6 *American Studies Newsletter*, September 1991.

험을 안고 있기 때문이다. 그렇지만 민주주의를 가르치는 교육 프로그램은 상대주의를 절대적인 교리로 삼지 않는다는 조건 하에 다문화주의를 통합하고 교육을 기본적인 가치 위에 세워야 한다.

다문화주의에 대한 이런 문제제기는 특히 '역차별'의 고발을 통해 감지할 수 있는 여러 유형의 파행을 배제하지 않는다. 여기에서 차이의 논리는 공통의 정체성 추구라는 시각에서 이해된다. 이런 움직임은 다문화주의를 채택하지 않은 나라, 특히 유럽과 프랑스에서도 관찰할 수 있다. 다문화주의에 관련된 논쟁은 열려 있지만, 그렇다고 해서 이 논쟁이 현대 사회의 핵심 문제인 다원성을 부정해서는 안 된다.

3. 한계와 전망

1) 문화주의, 문화의 '소아병'

다문화주의는 집단 간의 관계를 원활히 하는 문제나 (산발적인 민족 폭동과 같이) 사회의 평화로운 공존을 저해하는 문제를 제대로 해결하지 못했다. 오늘날 다문화주의적 모형은 시간상으로나 인구상 많은 변화가 있었고 특히 사회통합의 차원에서 그 결과가 실망스러웠기 때문에 재고의 대상이 되고 있다. 다문화주의 의 한계, 모순, 그리고 실패 중 몇 가지를 지적하면 다음과 같다.

거부와 배제 행동 부각. 모든 것을 집단으로 범주화하면 (집단 의 내포/배제와 같은) 경계선을 긋게 되고, 따라서 배제의 위험은 커진다. 사회적·문화적 분류의 논리는 특히 그것이 그르다고 여 겨지면 회피, 나아가서는 거부의 움직임을 야기한다. 이런 움직 임은 다시 그 어긋남을 줄이려는 사회적·교육적 조치에 의해 억 제된다. 매번 지나친 명명이나 범주화는 거리감을 조성할 가능 성이 크다. 모든 것을 범주화하고 그를 개선하려는 것은 역설적 이고 이율배반적인 조치이다. 이는 비효율적일 뿐만 아니라 지 적·교육적·윤리적 일관성의 문제도 야기한다. 프랑스의 우선교 육지구(Zones d'éducation prioritaires: ZEP)은 이런 유형의 파행적 형태 중 하나다. 집단을 경험적으로 정의하려는 모든 시도는 그 정의의 기준이 (사회적·민족적·문화적·심리적 기준 중에서) 어떤 기 준이든 간에 기대한 것과는 다른 차별 과정을 야기한다.

다문화주의는 차이를 온전히 인정하기 때문에 집단과 개인의 동거와 공존 구조에 멈춘다. 개인은 자신의 차이를 타인과 되도 록 소극적으로 대립하면서 키워나간다. 이런 구조화는 잠재적으 로 갈등의 소지를 안고 있는데, 불평등한 관계가 미결 상태로 남 아 있기 때문이다. 각자에게 상징적이거나 실제적인 어떤 자리를 지정해버리면 불평등의 문제는 해결되지 않는다. 비록 차이의 인정이 기회의 평등이라는 이름으로 구상·개발·실행되었을지라도 말이다.

가장 힘든 일은 사회 속에서 인정받고 안착하기 위한 전략과 과정, 서로서로가 걸어온 역정 등을 강조하는 것이 아니라 그것을 이해하는 것이다. 특수성의 강조는 문화적 몽상과 현실감 상실로 이어지고, 주변화 나아가서 이것의 극단적인 형태인 격리화라는 위험까지 내포하고 있다.

집단에 예속시킴으로써 사회적 유동성 제한. 폐쇄된 사회에서는 사회적 유동성을 기대할 수 없다. 따라서 집단, 안정화, 예속은 더 이상 해답이 될 수 없다. 필요한 것은 정반대의 조치다. 실제로 집단은 끊임없이 변한다. 원주민, 이민자, 이민자의 후손, 외국인 노동자, 언어적 소수자, 지역적 소수자, 외인적(外因的) 또는 내인적(內因的) 정의는 역사적·정치적·경제적·사회적 변동을 따른다. 예를 들어, 이민 왔다고 해서 평생 '이민자'나 '이민 2세'의 범주 속에 머물러 있을 것이라고 생각하는 것은 옳지 않다.

집단과 문화가 점점 다양한 색채와 형태를 띤다는 사실을 은폐. 다원주의는 다양한 형태의 현실을 포함하는 다원적·복합적 개념이다. 이민, 유럽 건설, 언어·종교·문화·지역적 다양성과 관련된 다원주의는 여러 가지 용어로 표현된다. 현재 살고 있는 사람들,

집단 간의 관계, 정치·경제·사회·종교적 상황 등에 따라 그리고 사안의 중대성과 위급함에 따라 다원주의 문제는 다소 극단적으로 제기될 수 있다. 그것은 한 나라의 교육 목표와 관련된 교육 정책의 핵심일 수도 있고, 정반대로 부차적이거나 아니면 매우 사소한 문제로 여겨질 수도 있다. 아프리카, 서유럽, 동유럽, 미국 등지에서는 국가와 문화권에 따라 정책의 목표가 모두 다르다. 공간에 따른 차이뿐만 아니라 시간에 따른 차이도 있다. 미국에서 실시된 문화적 다양성과 관련된 정책이 꾸준히 재고되고 수정되어왔다는 사실은 이를 잘 증명해주고 있다.

(인류학적 의미에서의) 다양성을 특징으로 하는 현대 사회는 문화 집단이나 차이의 단순한 합산이 아니다. 사람은 자기 '고유의 문화' 속에서 살지만 자신을 늘 한 가지 언어와 문화로만 표현하지 않고 여러 가지 언어와 문화로 표현한다(Abdallah-Pretceille, 1991). 이것은 언어의 '덧붙이기(taggage)'(Goudaillier, 1997), '이중언어 사용', '코드 변환(code switching)' 등으로 불린다.

어느 정도 안정되고 확인된 공동체와 문화적 활동이 있다 하더라도 집단에의 소속과 활동을 바로 연관 지을 수는 없다. 다시 말해 한 집단에 속한다는 사실로부터 그 사람의 행동과 특징을 바로 유추해낼 수 없다. 한 개인은 동시에 여러 집단에 속하기도 하고 규범과 참조기준이 다른 다양한 하위문화를 향유하므로 그 정체성을 그리 쉽게 파악할 수 없다.

이런 체계는 모순, 대안, 선택, 회피를 점증시킨다. 사람들은 자기가 원한다면 출신 집단의 참조기준을 따르지 않아도 되고, 임시적으로나 지속적으로 자신의 참조기준을 다른 집단에서 찾아도 된다. 이것은 가치판단의 문제가 아니라 확실한 사실이나 현실에 속하는 부정할 수 없는 변화이다. 어쨌든 다양성은 개인을 위한 것이고 개인을 고유한 주체로 인정하기 위한 것이며, 개인의 자율성과 독립성을 최대한 보장하기 위한 것이다.

문화적 변인을 과대하게 여긴다. 만약 사회적 현실이 다원적이라면 어떤 문제의 문화적·민족적 측면을 지나치게 내세워 사회적·심리적·역사적 그리고 경제적 측면을 무시하지 말아야 한다. 어떤 경우에도 사회적 결정주의를 문화적 결정주의, 즉 문화주의(Abdallah-Pretceille, 1986)나 문화적 사실의 박제화(naturalisation)와 생물학화(biologisation)로 대체해서는 안 된다. 문화의 문화주의적 파행은 사회적·교육적 현상의 문화적 차원을 무조건 그리고 배타적으로 강조하는 데 있다. 여러 변인 중에서 한 변인을 우선시하면 그것은 사회학주의, 심리학주의, 문화주의 등과 같은 과학만능주의(scientisme)[7]에 빠질 수밖에 없다. 문화주의적 파행

---

7 '문화주의'라는 용어를 1930년대 미국 문화인류학의 한 조류인 문화

은 사회학적·심리학적·경제적·역사적 변인을 무시하고 문화적인 해석에 치중함으로써 현실의 복합성과 다차원성을 축소하는 경향을 말한다. 따라서 그것은 축소주의적이며, 단 하나의 인과 논리에 빠지는 것이다. 문화의 범주화에 의거한 문화주의는 목록이나 서술에 비중을 두는데, 그것들은 기껏해야 타인을 정의하는 데 도움이 될 뿐 복잡한 문제를 해결하거나 타인을 만나는 데에는 별다른 도움이 되지 않는다. 따라서 (문화적 특징을 찾으려 함으로써) 특이하고 변환 불가능한 측면 속에 빠지거나, 행동을 문화 차원으로만 정당화시키는 문화주의처럼 단 하나의 의미를 과장하는 거대한 종합론에 빠지지 않도록 유의해야 한다.

결정주의적·인과주의적 해석이란 행동이나 행위, 특히 실패나 곤경을 문화 문제로 설명하는 것을 말한다. 일반적으로 성공은 어떤 집단에의 소속으로 설명하지만, 실패는 문화적·민족적 특성 때문이라고 설명하는 경향이 있다. 이런 의미에서 문화주의는 상황이나 집단 그리고 개인을 고정시킨다. 또 문화주의는 거부와 거리를 보여주고 이를 정당화시킨다.

자율성을 부정. 만약 개인적 특성을 무시한 채 특정 집단에 소속하는 것을 결정주의적으로 보거나 나아가 초결정주의적으로

주의와 혼동하지 않도록 하자.

보면, 종속과 무책임의 형태를 조장할 가능성이 많다(Todorov, 1995).

2) 공동체주의에서 공동체로

다문화 모형은 극단적인 차별, 특히 인구 조사 시의 식별기준에 반발해 소수집단이 벌인 격렬한 항의 이후 여러 측면에서 논쟁의 대상이 되고 있다.

모든 형태의 소수자에게 확산. 정체성과 관련된 정책은 여성주의자, 동성연애자, 장애인, 그리고 역설적이게도 유럽계 '백인'에 이르기까지 많은 다양한 소수자에게도 확산되었다. 차이의 범위를 이렇게 확장하다 보니 구조보다 차별 과정과 다양성을 더 중시하게 되었다.

집단만큼 개인을 고려. 드브르는 다른 사람보다 훨씬 앞서 개성을 정체성으로 축소하지 말아야 한다고 주장했다(Devereux, 1945). 그의 주장은 특히 록펠러(S. Rockfeller)의 분석을 통해 사회·정치·교육 영역에서 다시 지지받았는데, 그는 민주적 관점에서 볼 때 한 사람의 민족정체성은 그의 첫 번째 정체성이 아니라고 주장했다.

보편주의적 관점으로 회귀. 다문화 모형은 개인의 다양성과 특수성을 인정하는 보편주의의 원칙에 대해 관심을 갖게 되면서 재고의 대상이 되기 시작했다. 록펠러에 따르면(Rockfeller, 1994) 다양성의 민주적이고 자유주의적인 가치는 각 집단과 문화를 보존하는 것으로는 보장될 수 없으며, 민주주의와 자유주의의 옹호는 보편주의적 관점을 통해서 가능하다. 발제는 두 가지 유형의 자유주의에 상응하는 두 가지 유형의 보편주의가 있다고 보았다(Walzer. 1995). 첫 번째 유형은 국가가 (교회와 국가의 분리 원칙에 따라) 정치적 중립을 내세우도록 해 특정한 문화적·종교적 전통을 따르는 것을 거부하는 유형이다. 두 번째 유형은 국가가 특정 문화적 가치를 권장하도록 하는데, 세 가지 조건, 즉 모든 시민의 기본권이 보장되고, 그 어느 누구도 공공의 문화적 가치를 수용하라고 강요받지 않고, 기관들이 이 정책을 실제로 적용한다는 조건이 전제되어야 한다. 그런데 발제는 만약 각 문화 집단이 자기가 원하는 대로 자유롭게 구성되길 원한다면, 그 집단은 국가가 자기 집단의 특별한 문화적 계획을 인정하고 지원하게 할 수도 없고 또 그렇게 해서도 안 된다는 점을 강조한다.

혈통이 아닌 가입에 의해 소속. 홀링거(D. A. Hollinger)는 혈통과 역사에 기초한 민족이라는 범주를 초월하고, 동의에 기초한 공동체로 대체하자고 제안했다(Hollinger, 1995). 그는 이것을 '정착한 세계주의'라고 불렀다.

공동의 가치를 재확인. 공동체는 기본권을 침해하지 않는 범위

내에서 고유한 이미지를 보급할 수 있고 또한 그렇게 하도록 권장된다. 퀘벡 주는 '공통의 공공문화'라는 이념을 상기시키고 널리 보급하고 있다.

모든 현대 사회가 안고 있는 핵심 문제는 차별주의나 보편주의에게 빠지지 않으면서 동시에 어떻게 다원성과 다양성을 고려할 수 있느냐 하는 것이다. 사회의 응집력을 해치지 않으면서 어떻게 차이점을 다룰 것인가? 결국 오늘날의 과제는 차이점의 위계화와 대량화라는 위험, 극단적인 상대주의로 인한 사회체계의 무력감이라는 위험을 모두 피할 수 있는 다원성 이론을 개발해내는 것이다.

제**3**장

상호문화주의에 대한 전망

앵글로색슨 모형이든 ('프랑스식 용광로' 모형이나 상호문화와 같은) 프랑스 모형이든 모두 이념적으로 상당히 동질적인 사회 속에 적용되고 있음을 주지할 필요가 있다. 특히 프랑스에서 널리 퍼진 상호문화적 관점은 다문화주의와는 근본적으로 다른 철학적·역사적 전통을 가지고 있다. 계몽주의 철학을 충실히 따르고 소수자의 존재를 인정하지 않는 법적 전통과 관련된 보편성의 원칙을 중시하기 때문에 다문화주의는 문화적 다양성의 문제를 해결하려는 구상이나 시도에서 늘 논외의 대상이었다.

그렇다면 지적 영향이나 유행의 효과와 같이 흔히 있는 단순한 현상 수준을 넘어서서 다문화주의와 상호문화주의 사이에는 어떤 상관관계가 있는가? 그것은 단순한 의미상의 포장인가 아니면 관점의 변화인가?

사회적·교육적 활동에 직접 적용된 '상호문화적'이라는 용어는 1975년 프랑스의 학교교육과 관련해 등장했다. 이후 상호문화의 적용 영역은 이민자 문제와 위기 상황으로까지 매우 빠르게 확산되었다. 교육 관련 단체에 의해 널리 사용되다가 서서히 사회활동 전역으로 확산된 이 상호문화의 방향 설정과 적용 형태는 매우 다양하다. 이 용어가 자리 잡게 된 것은 바로 현장에서 그리고 활동을 통해서였다. 그래서 상호문화주의는 불안정한 방향 설정과 실행이라는 단점을 보였고, 이런 단점으로 인해 사람들은 주창자뿐만 아니라 그것과 관련된 연구마저 불신하게 되었다. 한 개념의 역사는 그 구성 영역의 점차적인 조정 과정일 뿐이라는 사실을 망각한 채 말이다.

연구는 실행 속에 널리 퍼져 있는 흐름을 뒤쫓아서 이루어졌는데, 이런 연구는 프랑스에서조차 특정 연구 영역으로 제대로 인정받지 못했다. 초창기 연구는 1980년대에 들어서야 찾아볼 수 있다[포르셰(L. Porcher), 압달라 - 프렛세이(M. Abdallah-Pretceille), 레이(M. Rey), 클라네(C. Clanet) 그리고 1986년의 제1회 ARIC[1] 학술대회]. 한 가지 뜻밖의 사실은 상호문화를 실행에서는 그렇게 많이

---

1 ARIC(Association pour la recherche interculturelle)은 1984년에 창설된 상호문화연구회로 Espaces interculturels(L'Harmattan 출판사) 등을 출간.

적용하면서도 대학 차원에서는 별로 연구하지 않았다는 것이다.

상호문화에 대한 연구를 두고 이렇게 상대적인 조심성을 보인 이유 중 하나는 상호문화가 연구되기 시작한 시점에는 이상주의, 이념, 논쟁의 분위기가 현장에 팽배해 있었기 때문이다. 초창기에는 상호문화가 거의 전적으로 이민 문제와 관련이 있었고 이민 문제는 탈식민지 역사와 밀접하게 관련되어 있기 때문에, 상호문화는 종종 참여적 태도 심지어 전투적 태도와 같이 행동 양식에 어떤 형태로든 영향을 주지 않을 수 없었다. 실제로 당시의 실행자, 사회적 주동자, 교육자들은 '상호문화'라는 용어를 내세우면서 행동했다.

이런 흐름은 이를 거부하고 금기시하는 분위기에도 불구하고 발전해나갔다. 오늘날 이 개념은 고갈되기는커녕 (상업, 법률, 언어교육 등의) 새로운 분야로 확산되고 있다. 그러나 그 적용 분야나 연구 분야와 상관없이 상호문화는 늘 널리 알려지지 않은 개념적·인식론적 모형의 출현 및 안정화라는 차원과 매우 다양화된 실행이라는 두 가지 차원 사이에 존재하는 괴리에서 자유로울 수 없다. 이런 지속적인 괴리는 이 문제가 중대하고 시급하고 복잡하다고 여기면서도 다른 한편으로는 주동자들이 관련 연구 결과를 잘 알지 못하고 있다는 역설로 이어지고 있다.

1. 역설과 모호함

사회적·정치적 목표와 실행의 교차점에 위치한 상호문화는 오랫동안 사회학적·이념적·인식론적 통념으로 짓눌려 있었다.

이민과 기계적 또는 전적으로 관련짓기. 이민 문제와 관련된 상호문화는 이민의 구조적 특성과 문화적 다양성을 간과했다. 그 결과 사람들은 이 문제를 처음부터 주변화와 경기정세라는 낙인이 찍힌 상태로 인식했다. 이렇게 사회적으로 긴밀히 연결되었기 때문에 사람들은 이민자는 낙후 집단이라는 부정적인 인상을 가지게 되었고 상호문화와 관련된 (학문적 또는 현장의) 시도를 늘 부정적으로 여겼다. 사람들은 이민과 관련된 다양성을 주목하다 보니 유럽의 건설, 국제무역의 확대, 일상생활의 세계화, 성별·세대·매체·직업·지역 문화 등과 같은 다른 유형의 다양성이나 다른 형태의 다양화 과정을 놓쳐버렸다(Abdallah-Pretceille, 1986).

이런 의미에서 상호문화는 일종의 표시 작업처럼 여겨졌으며 또한 여전히 그렇게 여겨지고 있다. 마치 이민 문제의 본질이 (마치 사르트르가 유태인 문제에 대해 생각한 것과 같이) 이민자로 지목받고 분류된 사람들의 문제인 듯 말이다. 이처럼 이민 문제는 이민자라는 범주를 정당화했다(Becker, 1985; Milza, 1988; Abdallah-Pretceille, 1995a). '상호문화'와 '이민'의 혼합은 상호문화 자체를 불신하게 만들었다. 이민에 대해 논의할 때 흔히 목격할 수 있는 극적·선동적·비관적 태도가 상호문화와 너무 밀접했기 때문이다. 프랑스의 연구자와 사회주동자들은 이민 문제를 온전한 하나의 연구와 교육 영역으로 만들 필요성이 있는가에 대해서는 여전히 합의를 보지 못하고 있다. 이 문제에 대해서는 여러 가지 입장이 있는데, 크게 (실용성과 효율성을 내세운) 차별주의자와 (개별주의와 직접 관련된 파행을 내세운) 보편주의자로 나뉘어 있다.

차이에 관련된 논의에 대한 불신과 의심. 강한 법적·역사적 전통(Noiriel, 1988)과 (이민에 관한 공식 판결, 실업의 증대, 민족주의의 대두, 반개혁주의, 국가주의, 문화주의 등과 같은) 불안정하고 까다로운 정치·경제·사회적 정세 사이에 끼인 사람들은 이와 관련된 논의에서 매우 신중하고 주저하는 태도를 보인다. 이것은 특히 다음과 같은 사실에서 두드러진다.

편입·통합·동화라는 용어의 점차적인[2] 또는 무분별한 사용.

일련의 축소주의(현실은 다원적이고 복합적인데, 이민은 역설적으

---

2 S. Hessel이 주도한 기획상임위원회의 보고서 *Immigration, le devoir d'insertion*, 1988; 고위통합위원회의 보고서 *Pour un modèle français d'intégration*, 1990; 1991년 6월 사회통합부(ministère des Affaires sociales et de l'Intégration) 창설.

로 단수 형태로 여겨지고 있다).

('이민자'와 '외국인' 사이의) **혼합**.

모순(동사 'intégrer'를 타동사 형태로 사용해 'les handicapés doivent ê
tre intégrés'라고 하기도 하고, 대명동사 형태로 사용해 'les étrangers
doivent s'intégrer'라고 하기도 함). 상호문화를 실행하고 논의하는 사
람들은 뭔가 분명히 하려는 여러 가지 시도에 대해 거부감을 보이
고 있다(Costa-Lascoux, 1989; Schnapper, 1991; Abdallah-Pretceille, 1992a).

불안정한 용어. '보편성/보편주의', '다원성'/'다원주의', '다문
화'/'상호문화' 등과 같은 용어의 동의어적 사용은 의미상의 모
호함뿐만 아니라 상징적 의도도 보여준다. 이 용어들을 제대로
이해하려면 이 용어들이 처음 사용될 당시의 의미, 특히 정신의
학에서의 의미를 잘 살펴보아야 한다(Devereux, 1977; Laplantine,
1974). 문화정신의학(psychiatrie culturelle)은 민족적 특수성을 고
려했고 이로부터 주어진 한 사회집단의 다양한 정신병리학적 진
전 과정을 추출했다. 비교주의적 성향을 가진 범문화정신의학
(psychiatrie transculturelle)은 정신질환의 유형과 빈도의 차이를 연
구했다. 초문화정신의학(psychiatrie métaculturelle)은 정신질환을
어떤 특정 문화의 개별적인 내용이 아니라 문화의 보편적인 범
주, 즉 문화변용의 과정에 따라 진단하고 치료하려고 했다. 문화
'초월(trans-)'과 '상호(inter-)' 사이의 혼동은 비교연구를 가리키

는 용어인 'cross cultural studies'에서도 찾아볼 수 있다. 초문화는 문화들을 초월한다.

한편, 사회적·교육적 차원에서는 포르셰(1981), 압달라 - 프렛세이(1986), 레이(1992)의 설명과 분석을 참고할 만하다. 1980년대부터 학자들은 다원성과 다문화성 개념이 어떤 상황을 서술하는 개념이라는 데 동의했다. (문화적·정치적·조합적·종교적) 다원주의와 (다원주의의 앵글로색슨계 변형으로 문화적 차이를 인정하는 데 초점을 맞춘) 다문화주의는 다양성을 다루는 여러 방식들 중 하나일뿐이다. 여기에서는 상이한 집단의 인정과 공존을 강조한다.

상호문화주의에서 '상호'라는 접두사는 집단, 개인, 정체성 간의 상호작용을 관련짓고 고려한다는 것을 의미한다. 다원문화(pluriculturel), 다문화(multiculturel)라는 용어가 확인 차원에 멈춘다면, 상호문화는 절차를 중시한다. 따라서 이 용어는 객관적인실체에 해당하는 개념이 아니다. 연구대상에 '상호문화적' 특성을 부여하는 것은 바로 분석이다. 이런 이유로 대상의 속성에 따라 상호문화적 교수법, 상호문화적 의사소통, 상호문화적 관계라 부른다. 다시 말해, 이런 용어들은 그것이 상호문화적 원칙에따라 분석될 때 비로소 정당성을 확보한다.

따라서 '상호문화적 사회'나 '상호문화적 대화' 같은 표현은사실 언어적 남용이다. 왜냐하면 이 표현은 대상과 그 대상에 대한 분석을 혼동하고 있기 때문이다. 정치적·사회적 사업을 지칭하기 위해 '상호문화적'이라는 형용사를 사용하는 것 역시 의미의 점차적인 변화에 속한다. 왜냐하면 가장 중요한 것은 사회의 다원적 특성을 인정하는 것이 아니라 인정하는 방식을 동시에 표명하는 것이기 때문이다. 지금의 불일치는 무엇보다도 바로 이 차원에서 일어나고 있다.

이념의 함축. 이민자의 일상생활 속에 뿌리 내린 상호문화적 활동은 종종 문화, 정체성, 민족성, 문화적 정체성, 민족적 정체성 등을 둘러싼 이념적 논쟁의 핵심이 되곤 한다. 이 개념들 자체와는 좀 떨어진 이 용어는 행동이나 요구를 정당화하기 위해 사용되고, 이런 의미에서 일종의 이념에 속한다.

'상호문화'의 비현실적 형태 중 하나는 상호문화적 실행을 (스스로를 문화적으로 다르다고 느끼거나 그렇다고 소개하는) 개인과 집단 간의 접촉에서 발생하기 마련인 갈등이 완전히 해소된 이상적인 사회를 위한 행동으로 여기는 것이다. 이런 경우 사람들은 상호문화적 관계, 대화, 사회를 마치 이상과 등가물인 양 말하게 된다. 그리고 이런 경우에 이상향은 현재로선 실현하기 어려운 소망을 미래로 옮겨놓는 방법이라고 정의할 수 있다.

이민 문제에 대한 해답으로서의 '상호문화적'이라는 용어로 묶을 수 있는 행동들은 부동(R. Boudon)이 정의한 이념(Boudon,

1986)이나 이상향의 징후(Watzlawick *et al.*, 1975)에 속한다. 와츨 래비크(P. Watzlawick) 등의 정의에 따르면, 이상향의 징후는 세 가지 형태를 띨 수 있다. 첫 번째 형태는 '내사적(introjective)' 형 태다. 이 경우 이상향적 목표를 가진 행위는, 목표에 도달하기 불 가능한 이유가 이상향적 특성에 있는 것이 아니라 목표에 도달 해야 하는 주체의 무기력에 있는 그런 상황을 만들어낸다. 두 번 째 형태 속에서 이상향론자는 이상향적인 변화를 유도하는 주체 의 무기력을 문제 삼는 대신에 절차와 과정을 강조하고 도달이 아니라 과정 자체에 비중을 둔다. 세 번째 형태는 '투사적(projective)' 형태로, 이 형태는 진리를 찾았다는 확신에 기초하며 포교주의 로 유지된다.

지나친 감정 개입. 목표가 되는 대상의 사회적·역사적 속성은 상호문화적 활동의 정의적 구성요소를 강화하고, 나아가 '상호 문화적 투쟁주의'의 형태를 발전시키는 데 기여했다. 경제적·정 치적 권력 관계의 인질인 이민자들은 환상과 속죄를 개인이나 집단적으로 표현할 수 있는 '천혜의 장소'였고 지금도 여전히 그 런 장소이다. 수용 사회 내부의 사회적·경제적 문제의 중요한 출 구 역할을 하는 이민자들은, 자기방어에 약하고 쉽게 식별될 수 있는 대상에게 어려움들을 돌려놓음으로써 일종의 주문을 걸 수 있도록 허용한다. 상호문화라는 이름으로 이루어진 행동은 종종 정의성에 의해 특징지어졌고 행동의 동어반복 형태 속에 빠져버렸다. 다시 말해 이 행동은 의식적이든 아니든 간에 행위자 자신밖에는 나타내지 못한다.

문화주의적 모형의 지배. '상호문화적'이라는 많은 연구들은 상당한 낙관주의적이다. 개인이나 집단을 문화적 결정주의나 인과주의에 가두어버림으로써 서술적·설명적 수준 나아가 (어떤 자리나 행동의 부여와 같은) 처방적 수준에 머문다. 이런 문화주의적 모형은 오래된 과학적 전통, 설명의 명확성, 수많은 사회적·정치적 사용의 가능성에 기초한다. 생물학적 결정주의에서 문화적 결정주의로의 은폐된 이동은 일종의 '문화의 인종화'의 형태를 띠게 된다(Abdallah-Pretceille, 1996b; Taguieff, 1987).

문화를 질서나 체계로 보는 관점은 그것을 행동이나 의사소통으로 보는 관점으로 이어진다. 개인은 더 이상 단순히 문화의 산물이 아니라 다양한 전략에 따라 또한 필요와 상황에 맞게 문화를 만들고 다듬는다. 다원성을 특징으로 하는 상황에서의 이런 변화는 근거와 참조 기준을 다양하게 만든다. 이런 의미에서 상호문화적 방향 설정은 문화적 다양성을 분석하는 또 다른 방법인데, 이 경우에는 문화적 다양성을 동질적이고 독립적인 단위나 어떤 상태로 여겨진 문화가 아니라 (차이의 논리가 아닌) 복합성과 가변성의 논리와 '생성과학(science générative)'에 따른 상호작용과 과정으로부터 분석한다.

2. 상호문화적 모형: 연구와 실행의 성과

상호문화는 무엇보다 먼저 지식과 행동의 경계선상에 위치한다. 상호문화에는 (이론/실제라는 '전통적'이고 비효율적인 이분법을 따르지 않는) 행동, 성찰, 사회적·과학적 차원 등이 서로 밀접하게 연결되어 있다. 초창기의 과도한 경험주의는 구상과 실행의 차원에서 최대한의 효과를 얻어내기 위해 점차 완화되었다. 상호문화는 쿤(T. Kuhn)과 부동(Boudon, 1979)의 견지에서 보면 하나의 새로운 모형으로 정의할 수 있다. 즉, '연구의 전통을 만들기 위한 기본 합의를 형성하는 일련의 제안들'로 정의할 수 있다.

정의의 첫 번째 축은 상호문화적 여건을 속성에 따라 만들어진 여건으로 인정하는 것이다. 하나의 담론(Abdallah-Pretceille, 1986)이나 문제제기(Jullien, 1989), 아니면 접근방식으로 여겨지는 상호문화는 특정한 적용 영역이 아니라 특수한 질문 양식이라고 할 수 있다. '담론'이라는 개념 역시 순수한 언어학적 의미가 아니라 하나의 과정이나 질문 양식으로 이해해야 한다. 이 개념은 너무나 경직된 유효성과 유효화의 규범을 만들어낼 가능성이 있는 이론이나 교리보다 훨씬 더 유연한 개념이다. 방법론상의 위험은 상호문화를 교의적(doctrinal) 구성이 아니라 경험의 실체로 정의되는 철학을 참조하지 않은 채 단순히 방법론적 도구, 특히 비교의 도구로 축소해버리는 것이다. (과학적·정치적) 절대성의 쇠퇴와 함께 철학은 인문학 속으로 다시 돌아오는데 이런 회귀는 상호문화의 관점에서 보면 매우 중요한 일이다.

상호문화(상호문화주의)는 특정한 대상도 없고 새로운 학문 영역도 만들지 못했지만, 문제의 문화적 측면을 일시적인 현상이나 유일한 핵심 변인으로서가 아니라 분명한 원칙과 방법에 따라 살펴보고자 한다. 이런 의미에서 상호문화는 (현상학과 같은) 철학에서, (포괄적 사회학과 상호작용주의와 같은) 사회학에서, (현대성의 인류학, 보완주의 이론과 같은) 인류학에서, (표상이나 범주화와 같은) 사회심리학에서 많은 것을 원용했다. 상호문화는 분석과 그것의 특정 모형 속에서의 적용을 결합시킴으로써 '떠다니는 주제'(Gusdorf, 1960)나 푸코의 용어인 '에피스테메(épistémè: 담론적 장치)'(Foucault, 1969)를 출현시키고 있다.

1) 개념상 · 인식론상 원리

현상학적 근거. 상호문화가 인식과 해석에 있어 개별적 행위자인 주체[3]에게 부여한 위상은 (주관주의가 아니라) 주관성에 다시 선택의 기회를 준다. 상호문화는 주체의 철학, 즉 주체를 자유롭고 책임감 있으며 비슷한 사람들로 이루어진 공동체에 속한 사람으로 보는 현상학에 근거한다(Abdallah-Pretceille et Porcher, 1986, 1996b). 상호문화적 접근방식은 객관주의자 관점이나 구조주의적 관점과 관계를 끊는데, 왜냐하면 이 접근방식은 주체 자신이 만들어낸 문화에 그리고 주체가 개발한 전략에 관심을 갖기 때문이다. 물론 주체 자신이 그것을 늘 의식한다고 가정하기는 어렵지만 말이다.

개인은 자기가 속한 문화에 점점 덜 구속을 받고 있다. 그는 더 이상 문화의 산물이 아니라 문화의 생산자이다. 문화는 이제 행동을 결정짓는 기능을 잃었다. 어린아이는 태어나면서부터 이질적이고 다원문화적 환경 속에 살아간다. 그는 다른 문화, 참조기준, 습관이 있음을 자연스럽게 알게 되고 문화적으로 다양한 집단 속에서 살아가면서 사회화된다. 그가 선택할 수 있는 문화의 폭은 상당히 넓다. 그는 다른 문화로부터 행동모형, 습관, 가치를 차용할 수 있다. 같은 프랑스 출신이라도 모두 자신이 프랑

---

3 주체와 개인 사이의 구별은 철학적 개념과 사회적 활동 사이의 구별과 일치한다.

스 문화를 어느 정도 따르고 있는지 다양한 방식으로 밝힐 수 있다. 프랑스인으로서의 정체성은 유지하지만 그 정체성은 여러 가지 방법으로 표현되고 실행될 수 있다.

그렇지만 주체에게 우선권을 준다고 해서 개인주의나 이기주의로 돌아가는 것을 의미하지는 않는다. 주체를 인정하는 것은 반드시 한 특정 주체에만 초점을 맞추는 개인주의로 연결되지 않기 때문이다. 특히 집단을 중시하는 미국과는 달리 개인을 중시하는 것은 프랑스의 철학적·역사적·법률적 전통과 무관하지 않다. 이것은 상호문화 모형이 왜 앵글로색슨권이 아니라 프랑스어권에서 대두되었는지를 어느 정도 설명한다.

문화주의를 몰아내고 지식에 그리고 매개로서의 현상학에 근거를 둔 상호문화는 관찰대상과 관찰자 사이의 부여와 인과관계를 부정하고 문화적 '현상'만을 연구한다. 이것은 설명의 거부, 아니면 적어도 그것에 대한 의심이다. 사람들은 현상학자들과 함께 문화적 행위는 선험적으로 아무것도 의미하지 않다는 원칙과, 설명의 틀에 박힌 가치를 문화에 부여하는 즉각적이고 기계적인 이해는 경계해야 한다는 원칙에서 출발한다.

문화주의는 문화의 (사회주의, 심리주의, 역사주의와 같이) 다른 분야에서 찾아볼 수 있는 해석상 파행이라고 할 수 있다. 현상학자들이 말하는 문화는 사람들이 객관적으로 살펴볼 수 있는 사회적 실체 그 자체가 아니라 의미를 재구성해야 하는 경험이다. 따라서 상호문화는 의미의 핵심에 대한 추구로 볼 수 있다. 바로 이런 의미에서 상호문화는 단순한 해석이 아니다. 또한 상호문화는 선험적인 이론을 표명하는 존재학이 아니라 타인과의 관계를 관찰하고 규명하면서 서서히 구성되는 존재학이다.

여기서 중요한 것은 주관주의를 부활시키는 단자(單子, monade)로서의 주체의 회귀가 아니라 정체성/이질성의 변증법과 관련된 관계론적·다축적(multipolaire) 개념의 회귀이다. 또한 환경과 구조의 영향을 부정해서는 안 된다. 문화와 체계는 그것들에 생기를 불어넣거나 그것들을 바꿀 수도 있는 행위자에 의해 유지될 때만 존재하기 때문이다(Bastide, 1971; Crozier et Friedberg, 1977). 주체와 행위자의 관점에서 중요한 것은 용어의 자아주의적 의미로서의 개인주의 이론[4]을 다시 도입하는 것이 아니라, 그것과 연루된 주관성의 조직망(組織網)을 고려하는 것이다.

상호주관성의 조직망과 상호작용의 조직망. '나'의 회귀, '행위자의 회귀'(Touraine, 1984)는 '너'의 회귀, 즉 나 자신의 관계상 조건을 인정한다. 이질성은 관계에 앞서며, 그 반대는 불가능하다. 차이의 논리는 이질성을 고정시켜 수량화하려 하지만, 상호

---

4 '개인의 회귀'와 개인주의 형태의 발전을 혼동하지 말기 바란다.

문화적 논의는 개인의 의사소통적 접근이라는 의미의 상호작용에 초점을 맞춘다(Abdallah-Pretceille, 1996b). 우리는 바슐라르의 표현인 '지역적 결정주의'에 포함된 개념 중에서 상호작용 개념을 찾을 수 있다.

상호작용 개념은 문화와 문화적 정체성을 정의하는 데 핵심 개념이다. 고프먼(E. Goffman, 1974)에게 상호작용은 문화가 구성되는 체계이다. 상호작용은 특히 사회심리학에서 널리 쓰이는 범학문적 개념이다. 사회학에서는 미시사회학[마페졸리(M. Maffesoli), 짐멜(G. Simmel), 투렌(A. Touraine) 등], 탈선의 상호작용적 접근(Becker, 1985), 사회적 행위자들이 타인을 만났을 때 자기 자신에 대해서 가지는 표상에 대한 분석, 자기 과시 연구와 '일상생활의 연출' 연구(Goffman, 1956) 등이 있다. 인류학(Mead, 1963), 화용론, [정신질환을 관계상 장애로 본 팰러앨토(Palo-Alto) 학파와 같은] 정신의학 분야에서도 많은 연구가 이루어졌다. 그리고 직선적인 변화보다 상호작용을 선호하는 경향을 보여주는 심리학에도 마찬가지다. 상호문화적 문제제기는 상호작용적 분석과 직접 관련이 있다.

모든 행위는 그것이 인식적이든 관계적이든 정의적이든, 실제적이든 상징적이든 문화적이든 간에 주체/개인 축과 일치하는 상호작용의 조직망과 상호주관성의 조직망 속에서 이루어진다.

이런 철학적·사회학적 입장은 관찰자만큼 대상에 대해서도, '너'나 '그들'만큼 '나'에 대해서도 많은 질문을 던지도록 한다. 따라서 타인에 대한 모든 질문은 자신에 대한 질문과 겹친다. 상호문화적 접근방식은 타인을 의미의 조직망 속에 가두어 파악하거나 민족 중심적 토대 위에서 일련의 비교를 시도하려고 하지 않는다. 이 접근방식은 단자처럼 간주되는 개인이나 문화 자체가 아니라 그 관계를 중시한다.

이런 관점에서 볼 때 문화적 차이는 정태적 속성을 가지고 객관적으로 주어진 것이 아니라 서로 의미를 부여하는 두 실체 간의 역동적인 관계로 보아야 한다(Abdallah-Pretceille, 1986). 관심을 가지고 지켜보아야 할 대상은 구조·목록·범주라기보다 역동성·전략·조절이다. 타인은 주체와 대립하는 것이 아니라 교류하는 존재이므로 집단과 개인 사이의 의사소통과 협상뿐만 아니라 갈등의 해소방안을 도출하는 데도 상당히 중요한 연구의 축이라 할 수 있다.

상호문화에서 '상호'라는 접두사는 사람들이 타인을 보는 방법과 자신을 보는 방법에 모두 관련되어 있다. 여기에서 인식은 타인이나 자신의 특성이 아니라 타인과 자신이 맺고 있는 관계에 달려 있다. 주어진 문화적 특성을 정당화시키는 것은 역설적으로 관계 그 자체이지 관계를 정의하는 특성이 아니다. 프랑스 사람들이 이민자에 대해 말하는 것을 한번 들어보면, 그들이 말하는 특징과 비난은 시기나 대상과 상관없이 언제나 똑같음을 아주 쉽게 알 수 있다. 문화적 차이는 실체와 일치하지 않고, 개인과 집단 사이의 관계가 어떠냐에 달려 있다.

만약 부정적이고 갈등을 일으키는 관계가 있다면 모든 것을 문화적 소속만으로 설명할 수는 없다. 관계의 파악이 문화 인식에서 중요해짐에 따라 문화를 지식을 통해 이해하려는 학문적 접근은 효력을 잃어가고 있다. 한 문화에 속한 사람이 반드시 자기가 속한 공동체를 대표한다거나 그 '원형'이라고 보기 어렵기 때문이다. 상호문화적 접근방식은 상호작용을 기본 전제로 하는데, 가장 중요한 것은 타인이지 그의 문화가 아니다(Abdallah-Pretceille, 1986, 1996a, 1998).

보편성/개별성의 대립. 상호문화적 접근방식은 다양성·개별성·보편성이라는 세 가지 개념에 기초한다. 이 세 가지는 단순한 삼원적 구조가 아니다. 그것은 신원을 파악하기보다 알아내는데, 그리고 설명하기보다 이해하는 데 더 큰 비중을 두는 질문의 유연성, 담화의 역동성을 강조한다. 다른 과학적 여건과 마찬가지로 상호문화적 여건도 불확실하고 불완전한 것까지 포함하는 일종의 일시적 종합일 뿐이다. 이렇게 분명하게 밝혀두는 이유는 문화에 관한 한 현실주의적이고 경험적인 환상에 기초하고

'감정적 분위기'에 의해 지지받는 일종의 '지적 폭력' 형태가 늘 존재하기 때문이다.

차이는 어떤 관계 속에 들어가면 타인을 다시 들여온다. 그러나 이질성은 보편성 원칙의 인정 위에 성립된다. 중요한 것은 타인의 완전한 특수성과 그의 완전한 보편성 사이에서 균형을 찾는 일이다. 우리는 가설적으로, 나아가 임의적으로 정의된 문화 집단의 특성을 타인에게 강제적으로 부여하면서 타인을 정의할 수 없다. 우리는 타인과 대화도 해보지 않고, 의견을 나누어보지도 않고, 타인이 주체적으로 말하거나 표현할 수 있는 기회를 부여하지도 않은 상태에서는 타인을 알 수 없기 때문이다.

따라서 목적은 타인의 문화를 배우는 것이 아니라 타인과의 만남을 배우는 데 있다. 다시 말해 타인을 특수한 존재, 보편적인 존재로 인정하는 데 있다. 주목해야 하는 것은 사물·사람·사실의 특성이 아니라 그들이 보는 방식, 그들의 표현과 표상이다. 타인의 특성과 특징은 '나'의 반영일 뿐이다. 마페졸리의 표현을 빌려 말하면(Maffesoli, 1985), '다의적 효과', 흔적, 파편을 찾는 것이 중요하다.

상호문화주의는 보편적인 것과 특수한 것 사이에 존재하는 늘 불안정한 균형을 전제로 한다. 예컨대 그의 국적이나 문화와 상관없이 이방인을 만난다는 것은 외국인을 만나는 것인가 아니면 외국 국적을 자신의 특징 중 하나로 여기는 사람을 만나는 것인가? 달리 말하면, 주체를 정의하는 것은 특수성인가 아니면 보편성인가? 그 대답에 따라서 문화주의자나 상호문화주의자로 분류된다.

전체성(totalité)은 다양한 것과 이질적인 것을 억누르거나 부정하지만, 보편적인 것은 다양한 것으로부터 나온다. 개별성은 어느 하나 또는 어느 개인과 관련 있고, 보편성에서 다양성으로 그리고 반대로 다양성에서 보편성으로 이끄는 절차에 의해서 드러난다. 개별성은 보편성이 일반성으로, 다양성이 차이점으로 되지 않도록 하는 것이다. 보편성 개념은 보편성 원칙의 변질된 형태에 지나지 않는 보편주의 개념과는 거리가 있다. 차이는 판단과 규범을 전제로 하기 때문에 민족중심적이고 발화자의 표지를 용인한다. 반면에 개별성은 역동적이고 상호주관적인 관점에 속한다(Abdallah-Pretceille, 1986).

2) 방법론상 원리

상호문화적 절차는 포괄적이고 다차원적이다. 이는 복합성의 역동성을 고려하고 범주화의 과정을 피하기 위해서다. 연구자의 관점과 행위자의 관점을 동시에 도입하는 것은 열린 다원적 합리성으로 이어진다.

이해의 과정. 서술적 연구는 이민자, '2세대', '여자', '프랑스 태생 마그레브인', '국제결혼 부부', 아시아인, 아프리카인 등과 같이 사회 현실을 나누는 데 비중을 둔다. 그러나 빨라진 이동속도, (문화적·사회적) 규범의 잦은 위반은 본질적으로 정태적인 서술과는 잘 어울리지 않는 관점의 역동성을 요구한다. 개별적으로 파악한 수많은 요소로부터 사회와 문화 문제를 파악하려는 이런 태도의 가장 큰 단점은 단편적인 시각을 조장해 복합성이나 변화를 제대로 고려하지 못하도록 하는 것이다. 그래서 연구는 늘 격렬한 '전쟁'이 아니라 대상, 새로운 범주, 새로운 사회 구성, 요컨대 연구 때문에 늦어진다(Abdallah-Pretceille, 1989b). 서술적인 절차는 부여와 모형화의 사회학과 심리학에 따라 이루어지는데, 이 절차는 비록 설명이라는 관점에서는 정당화될 수 있다 하더라도 과정의 이해라는 관점에서 보면 효과적이지 못하다.

유형학적·전문학술적 기술(技術)의 확산과 일반화로 인해 서술을 설명으로 지나치게 확대 적용했고, 결과적으로 이런 확대 적용은 분석을 퇴화시켰다. 이때부터 분석은 객관적이라고 소개된 사실 확인 수준에 머물게 되었다. 또한 이 분석은 결정적이라고 여겨진 설명적 요인을 필요로 하게 된다. 그런데 설명적 요인은 상황의 복합성을 ('이민자', '교외지역의 청소년'처럼) 어떤 것을 대표하고 유의미하다고 판단된 모형으로 축소시킨다. 이 맥락에서 문화는 학업 실패와 폭력행위를 설명할 수 있는 인과적 가치를 가진다. 이렇게 되면서 문화주의는 교육학·심리학·사회학에 들어오게 되고, 문화적 변인이 다른 여러 변인 중 하나일 뿐이라는 사실을 은폐하게 된다.

문화를 이해한다는 것은 지식을 축적한다는 것이 아니라 인간에 의한 인간의 상호인정, 움직임, 절차를 실행하는 것이다. 그리고 그것은 타인을 무시하거나 지배 논리에 빠지지 않으면서 타인을 생각하는 것을 배우는 것이다. 이렇게 문화를 이해하면 식별과 표지의 우월감에서 벗어날 수 있다.

방법론적으로 볼 때 문화 이해는 모든 유형의 경험상 동어반복과 의미 투사의 장애물을 거부한다. 문화 이해는 자신에 대한 연구로 이어진다(Abdallah-Pretceille, 1986). 또한 이해의 노력은 다음과 같은 세 가지 전략을 통해 감정상의 매몰을 피하고, 르보(Ch. Lebeau)가 정의한 인식적 이해를 추구한다(Lebeau, 1988). 첫 번째는 자기 해석을 목표로 한 이해 전략으로, 한 사회 구성원의 의미세계를 내부로부터 이해하려고 노력한다. 두 번째는 과학적이고 역사적인 타인 해석을 목표로 한 전략으로, 과학적·역사적 학문의 범문화적 관점을 도입해 문화적 표상을 이성적으로 파악하는 전략이다. 마지막으로 상대화 전략은 유추작용이나 맥락에 의거해 비판하는 것을 말한다.

포괄적이고 정성적인 사회학에 따르면, 그 목표는 행위와 행동을 결정하고 모형화하는 문화의 기능과 대립시켜 이질적 상황 속에서 문화의 도구적 기능을 파악하는 데 있다. 문화, 좀 더 정확하게 문화적 단편이나 특징은 정의가 아니라 도구로 사용된다. 이것은 절대적으로 맥락을 고려하지 않고 인식된 문화적 요소로부터 개인, 집단, 사건 등을 규정하지 않도록 한다.

상호작용주의적 절차. 상호문화적 절차의 또 다른 원칙은 상징적 상호문화주의 하에서 연구하는 것이다. 연구 대상은 행위자가 문화를 가지고 만들어내는 개념이다. 방법론상으로 보면, 연구자는 자신이 연구하고 있는 공간에 익숙해짐과 동시에 행위자가 상황과 문제로부터 만들어내는 표상을 알아내려고 노력해야 한다. 이것은 (경제적·사회적·정치적 요인과 같은) 구조적 요인이 개인 또는 집단의 전략과 행위에 끼치는 영향을 무시하지 않으면서도 다양한 형태의 결정주의(특히 문화적 결정주의)를 상대화하기 위해서다. 문화적 차이는 어떤 맥락과 관계 속에서만 의미를 가진다. 따라서 상호문화적 접근방식은 상황을 설명하고 정당화하기 위해 문화를 사용하는 부여의 논리가 아니라 어떤 관계를 보여주는 맥락에 의해서 정의된다.

문화적으로 다양한 상황에서 문화적 부호(code)를 문화적 소속의 기호(sign)로 해석하는 것은 바람직하지 않다. 왜냐하면 모든 사람은 지속적이든 아니든 하나 또는 여러 집단의 문화적 부호를 차용할 수 있기 때문이다. 문화적 특징은 기호라기보다 징후에 더 가깝다. 사람들은 문화의 도움으로 그리고 문화적 특징을 통해 관계의 상태를 드러내 보인다. 교내에서의 '히잡' 착용은 좋은 상징적인 예다. 히잡의 착용은 단순한 종교적 소속 그 이상을 표현한다. 이때 문화는 분석해야 하는 징후가 된다. 즉, 구체적인 분석이나 맥락을 떠나서 문화적 사실에 의미를 부여할 수 없다(Abdallah-Pretceille et Porcher, 1996a, 1998).

만약 다양한 대화상대자나 행위자가 행동에 부여한 의미를 이해하는 것이 중요하다면 관찰자나 (행위에서) 그에 준하는 자, 즉 강사, 교사, 중개자 등을 포함한다. 상호문화적 담론은 다른 사람 또는 문화에 대해 자기 자신의 문화에 대해서 만큼이나 많은 질문을 한다. 또한 그것은 '사회 전체'와의 관계를 고려하게 한다(de Certeau, 1975a). 상호문화적 문제제기의 바탕은 바로 이러한 거울반사 과정이다.

상황적·보완주의적 관점. 문화는 실존적인 플라스마가 아니라 사람들에 의해 연결되고 역사·경제·정치 등에 의해 특정 공간과 시간 속에서 현실화된다. 따라서 문화적 특징은 현실의 반영이라기보다 한 상황의 거울이라고 보는 것이 더 타당하다. (예컨대 소수자의 지위, 권력 관계 등과 같은) 상황적·구조적 변인은 서로 얽혀 있어 하나하나 분리하면 문화주의자적 파행 속으로 빠져들기 쉽다.

우리는 불화나 갈등이 문화 때문에 생겼다고 말하기에 앞서 환경·조건·상황을 고려해야 하며 초점을 문화적 변인에만 고정시켜서는 안 된다. 왜냐하면 한 행위자는 여러 다른 문화에 동시에 속할 수 있기 때문이다. 다차원적 분석인 상호문화적 분석은 문화적 접근방식, 좀 더 정확히 말해 문화주의자적 접근방식과는 다르다. 문화적 다원성을 여러 다원주의의 총합이 아니라 하나의 과정으로 이해한다는 것은 현장의 문제를 (이민자, 프랑스 태생의 마그레브인, 청소년, 2세대 등과 같이) 형용사화를 통한 식별, 범주, 표지 등을 되풀이하면서 다루지 않는다는 것을 의미한다. 실제로 다원성은 사회체계를 하나하나 잘게 나누는 상투적인 방법으로는 이해할 수 없다.

주관적 경험, 상호작용, 상호성, 역동성, 과정이라는 개념들은 현실의 복잡한 구성을 파악하는 데 도움이 되는 방법론을 제안한다. 상호학문성을 참조하는 것은 상당히 중요한데, 왜냐하면 개별 학문을 참조하는 것은 정태적 세계를 겨냥하는 것이기 때문이다. 상호문화적 접근방식은 의미, 인과관계, 관점의 다원성 등을 통해 가능하다. 상호문화는 여러 지식 영역을 참조하는데,

이는 그 잠재적 대상이 여러 가지 문제에 속하기 때문이다. 상호문화는 다양한 행위자들과 관련해 법규상으로만 탈피하는 것이 아니라 학문적으로도 탈피하는 일련의 중심 탈피로부터 이루어진다.

상호문화는 그 개념을 여러 영역에서 차용했기 때문에 매우 풍요롭다. 이런 교차적 입장은 지장을 초래하는 것이 아니라 정반대로 복합성을 더 잘 고려할 수 있다. 학문 상호 간 선택은 드브르가 정의한 대로 일종의 보완주의적 방법이라 할 수 있는데(Devereux, 1977), 그것은 "여러 가지 설명 체계가 공존하고, 각 설명은 자기 참조 영역에서는 거의 전부이지만 다른 모든 참조 영역에서는 지극히 작은 일부분"이기 때문이다.

비교의 한계와 위험. 19세기 인류학에서는 여러 가지 문화적 사실을 관찰하고 분류하는 비교방법론이 지배적이었다. 그런데 이런 연구는 많은 한계를 보였다. 무엇보다도 비교는 상이한 시기에 속하는 사실들을 미리 정해둔 범주에 따라 분리한 후 단 한 가지 차원에서 진열해놓았기 때문이다. 게다가 서로 다른 맥락에 속하는 두 가지 사실을 비교하는 경우 모르는 것을 아는 것으로 만들기 위해 혼합하거나 축소했다(Lévi-Strauss, 1975).

이런 비교는 보편성 개념을 오염시키는 성급한 일반화를 정당화하거나 현실감을 상실케 하는 종합평가를 정당화시키는 데 일조한다. 또한 비교는 부가적 방식의 전문 학술논문의 대상이 되기도 하는데, 이 방식은 독자 스스로가 종합하도록 함으로써 자칫하면 독자를 차이점과 유사점의 목록 속에 가두어버릴 위험을 내포하고 있다. 게다가 비교연구는 방법론상의 필요에 의해 요소와 변인을 경시한다. 비교는 다원인적 분석(Camilleri, 1985) 대신에, 주어진 문화적 특성으로 행동이나 태도를 설명해보려는 분할주의자적 접근방식이다. 비교연구는 상호문화적 논리가 아니라 문화주의자적 논리를 따른다. 왜냐하면 비교연구는 문화들 또는 사회들 간의 가설을 통계적으로 세우기 위해 문화와 사회에 의해 구성된 자연적 단위 수준에 머물기 때문이다(Miguelez, 1977). 또한 비교연구는 문화변용이나 다양화 과정은 고려하지 않고 종종 불투명의 효과를 불러일으킨다(Espagne, 1994). 따라서 중요한 것은 수집한 차이점들이 적용한 문화적 변인으로 설명될 수 있는지 알아보는 일이다(Camilleri, 1985).

가장된 혼성물에 지나지 않는 유추는 사실들을 한데 뭉치거나 유사점이나 차이점에 초점을 맞춘 비교라는 하나의 차원으로 축소함으로써 하나의 사실을 다른 하나의 사실로 덮어씌운다. 유추는 정의상 사실의 목록을 늘 가지지는 않는 표상에 기초하기 때문에 알아나가는 과정을 가려버릴 위험이 있다.

그러나 반대로 비교는 발견을 돕는 부정할 수 없는 가치를 가지고 있다. 비교하지 않으면 숨겨져 있을 특수성을 분명히 보여주기 때문이다. 또한 비교는 질문을 새롭게 함으로써 다른 해석이나 방법의 가능성을 열어둔다. 이런 의미에서 비교는 자신과 타인 사이의 변증법의 창의적인 풍요로움을 다시 찾는 또 하나의 방법이다(Abdallah-Pretceille, 1996b).

3) 윤리적 차원

문화적 다양성에 대한 질문은 이질성의 만남과 경험에 대한 질문을 이끌어낸다. 그런데 이질성은 점점 복잡한 양상을 띠고 빈번하게 출현하고 있다. 이런 경향은 특히 문화에 대한 규범적 접근을 통해 이질성을 인위적으로 만들어내려는 모든 시도를 상대화시킨다. 문화를 결정주의적·인과주의적 모형을 따라서가 아니라 사회화, 문화화(enculturation), 문화변용 등의 과정을 점점 개별화시키는 추세에 따라서 인정하면서 존재론적 질문이 다시 대두되고 있다.

그렇다면 종종 일치하기도 하고 상반되기도 하는 규범의 증가를 어떻게 받아들여야 할까? 문화적 다양성의 존중과 보편적인 것에 대한 불가피한 인정을 어떻게 양립시킬 수 있을까? 과도한 차이를 내세운 극단적인 상대주의와 무차별화를 내세운 포괄적인 관점 사이에서 윤리는 어디에 위치하는가? 가치에 대한 성찰의 집합소 격인 철학은 여기에서 새로운 연구 영역을 찾게 된다.

이질성의 윤리. 개인의 분화를 강조하는 문화적 모형이 많아짐에 따라 가치의 문제는 정체성·개인·집단을 구조화하는 조건으로 다시 대두되고 있다. 그리고 타인은 다시 무대 위로 올라와 관심을 끄는 주인공으로 부상하고 있다. 이제 중요한 것은 문화에 대한 지식이 아니라 타인과의 관계 설정이다. 목표는 앞에서 언급한 파행에 휩싸이지 않으면서 문화적 다원성과 이질성을 연결하는 것이다. 문화적 다양성 문제는 윤리적 질문을 소홀히 할 수 없다. 만약 그렇게 하면 그것은 관계와 갈등을 단순히 관리 수준으로 축소시킬 위험이 크다. 그리고 이런 수준의 관리는 사회의 기계화로 이어질 수밖에 없다(Abdallah-Pretceille et Porcher, 1998). 이질성은 의미의 문제와 바로 연결된다. 이질성은 존재론의 성격을 띠며 소유가 아니라 존재에 속하는 문제이다.

사람들은 공동체주의적 유혹과 세계화의 절박함 사이에 끼인 채 축소된 이질성과 기하급수적으로 늘어나는 이질성을 동시에 경험하고 있다. 이 두 가지 유형의 이질성은 상황의 개별성과 가치의 보편성 사이의 갈등을 토대로 한 윤리적 요구로 이어진다. 타인에 대한 개인의 책임감은 단지 법적 차원뿐만 아니라 개인적 윤리와 이질성의 윤리에 속한다. 여기에서 이질성의 윤리란 더는 자신의 논리가 아니라 완전한 자유와 책임감을 가진 타인의 논리로부터 생각하는 것이다.

레비나스(E. Levinas)는 이질성의 경험이라는 토대 위에 윤리를 세운다(Levinas, 1982). 이때 중요한 것은 타인을 타인으로 보는 것이지 그의 문화나 소속으로 보는 것이 아니다. 정반대로 이 요소들은 만남과 이해를 가로막는 장애가 될 수 있다. 문화적·심리적·사회적 특성을 통해 타인을 이해하려고 하면 속성이나 범주의 합계, 나아가 인공물의 합산에 그칠 위험이 많다. 심리적·사회적·문화적 정보는 만남에서 일차적인 것들이 아니다. 이 정보들은 그것을 상황 속에 그대로 적용하는 것이 아니라 제대로 분석하고 사용할 줄 안다는 조건에서 잘해야 우리가 좀 더 잘 이해할 수 있도록 도와줄 수 있는 '목발'일 뿐이다.

윤리는 타인을 타인으로 만나는 것이다. 이런 만남은 타인의 자유 요구, 복합성, 불투명, 모순에 대한 존중을 토대로 한다. 다양성의 윤리는 타인에 대한 행동이 아니라 타인과의 관계를 그 고유한 영역으로 삼는다. 비록 그 행동이 관대하고 옳고 자비로운 것일지라도 말이다. 관계에서 모든 불균형은 일부 사람을 행위자로 만들고 또 다른 사람을 행위의 대상자로 만든다. 그래서 실제적이거나 상징적인 어떤 힘의 관계를 만들어내는데, 이렇게 만들어진 관계는 잠재적 또는 표출된 폭력의 원인이 된다. 중요한 것은 타인에 대해서가 아니라 타인과 함께 행동하는 것이다. 이는 결국 연대성의 실행 문제에 속하는데, 이 실행은 어렵고 결코 완결되는 법이 없어 늘 새롭게 재구성해야 한다.

지식으로부터 인정으로. 이질성을 사실적 지식을 통해 인식론적으로 접근하려는 시도는 불충분하며, 윤리적으로도 그럴싸할 뿐이다. 문화적 특성과 속성으로 타인을 논하는 것은 발견과 만남이라는 본래 목표와는 달리 타인의 투명성 의무, 따라서 지배의 상징적 관계에 해당하는 범주화와 부여의 과정을 토대로 한다. 타인에 대한 이해는 흔히 타인에 대한 지식과 동일시되지만, 실제로 의사소통과 관계를 떠나서는 타인을 그리 쉽게 파악할 수 없다.

규범의 갈등 문제. 문화적 다양성을 가진 사회에서 도덕과 윤리는 어떻게 되는가? 모든 집단생활은 공동의 가치와 규범을 인정함으로써 가능하다. 그렇다면 다원적 사회에서 이런 합의 문제는 어떻게 되는가? 차이의 인정이 사회적 합의를 훼손시킬 위험은 없는가? 모자이크식 사회 구성을 토대로 한 공동체주의는 복수화, 즉 원자화에 의한 사회적 분화를 초래한다. 사실 (학교, 가정, 구역, 조합 등과 같은) 다양한 사회화 공간은 더 이상 조화롭게 움직이지 않으며 각각의 고유한 도덕을 만들어낸다. 사람들은 점점 더 혼합적·선택적·모순적인 도덕적 행동을 보여준다. 도덕적 행동 속에서의 모순과 이율배반에는 어떤 의미를 부여해야 할까?

프랑스에서 규범 간의 갈등 해소 문제는 몇몇 눈에 띄는 시위와 소송을 제외하고는 거의 거론되지 않았다. 그나마 몇몇 시위와 소송마저 이 문제를 이해하는 데 별로 도움이 되지 않는다. 규범적인 행동과 도구적인 행동 사이의 실행 반경은 상당히 좁다. 여기서 말하는 규범적인 행동이란 집단의 참조기준에 순응하는 행동으로, 이 행동의 여러 가지 파행 중 하나는 타인에 대한 개방과 개선에는 큰 비중을 두지 않는 과잉사회화를 말한다. 반면 도구적인 행동은 어떤 명백한 가치도 참조하지 않고 주어진 상황에 따라 매번 적절하게 행동하는 것을 말한다. 적용 영역과 대상에 따라 준수해야 할 '지역적' 도덕과 규범이 늘어나면서 도덕가치론적 일관성은 점점 사라지고 있다.

윤리는 특수화의 제약과 보편성 사이에 위치한다. 종종 언어적 남용으로 가치의 갈등과 혼동되기도 하는 규범의 갈등은 가치를 적용하는 방식에서의 차이, 나아가 불일치로 나타난다. 관용, 정직, 용기 등은 관용, 정직, 용기와 갈등을 빚지 않는다. 문제는 규범의 적용하면서 차이나 불일치가 있을 때 생기는 것이 아니라 윤리적 가치와 인간존중이 제대로 준수되지 않을 때 생긴다. 상호문화는 객관화된 합리적 윤리를 전제로 한다(Abdallah-

Pretceille, 1995b). 이것이 바로 극도의 문화적 다양성이라고 해도 정체성을 해체시킬 위험은 없고 인간을 행동의 중심에 다시 놓을 것이라고 여겨지는 이유다.

합의와 일관성. 윤리적 성찰은 단지 타인·외국인·이민자뿐만 아니라 모든 사람과 관련된 정체성 문제로 이어진다. 정체성의 성찰은 의사소통 활동을 바탕으로 한다. 자신에 대한 연구는 타인에 대한 연구만큼 중요하다. 윤리를 구성하는 것은 행위가 아니라 행위의 타당성을 판단하는 가치에 대한 합의이다. 이 합의는 의사소통(Habermas, 1986)과 토론(Apel, 1996)으로 얻어낸 의견일치를 의미한다. 논쟁을 통한 합의, 다시 말해 관점과 목표의 다원성 속에서 이루어진 의결만이 민주사회를 건설할 수 있다.

학교, 정치, 사회 등 모든 영역에서 창의적 제안이 늘어나면서 그 의미에 대한 논의를 서둘 필요성이 생겼다. 만약 비종교적 시민사회가 사회활동 속에서의 윤리적 공백을 메우지 않으면 종교와 분파 집단이 다시 등장해, 유감스럽게도 역사상 빈번했던 (자기나 자기 집단에로의 후퇴나 폐쇄의 논리의 확산과 같은) 갈등을 야기하지 않을까 우려스럽다. 사회의 복합성은 주어진 것이 아니다. 지속적으로 만들어가야 하는 사회적 관계를 형성하는 것과 동시에 공동의 가치를 부각시키기 위해 필연적으로 점점 활발한 의사소통 활동을 요구하고 있다.

따라서 공동의 참조기준이 좀 더 잘 드러나고 읽힐 수 있도록 하는 일이 무엇보다 시급하다. 예컨대 참조기준이 잘 알려지지 않은 사회 속에서 통합을 말하는 것은 불가능하다. 가치를 읽어 낼 수 없고 존재론적 기본 틀이 없는 사회적·교육적·정치적 행동은 단순한 조절이나 조정 기능에 그칠 뿐이다. 계약의 논리는 계획, 사회의 계획, 학교의 계획 속에서만 표현될 수 있는 공동의 가치에의 가담을 대체할 수 없을 것이다. 그 어떤 사회체계도 사람들이 일상생활 속에서 더불어 살고자 하는 의지가 없거나 상징적인 질서(Arendt, 1972)가 없으면 온전히 유지될 수 없다. 윤리가 부족하면 도덕가치론적 논리보다 도구주의적 논리가 더 큰 힘을 얻게 된다. 다시 말해 사회적 측면보다 법적 측면이 우선시된다. 가치에 대한 논의는 오랫동안 다양한 형태의 도덕화 속에 또한 정의적인 것과 이념적인 것 속에 갇혀 있었지만, 이제 객관적인 접근방식을 통해 새로워질 수 있다. 계약주의적 사고(Habermas, 1986; Apel, 1996; Rawls, 1987), 실용주의적 사고(Rorty, 1994), 인식주의적 사고(Boudon, 1995) 등 다양한 사고 유형이 가치에 대한 객관적인 접근방식으로 발전하고 있다. 이렇게 문화적 세분화를 고려한다는 것은 다양성 속에서 이질성의 요구에 의해 지지받는 가치에 합리적이고 객관화된 방식으로 대답하려는 것이라 할 수 있다(Abdallah-Pretceille et Porcher, 1998).

인간의 권리와 비종교 문제. 윤리가 보편적이라면 도덕은 (종교도덕, 직업도덕, 당위론과 같이) 특수하고 개별적이다. 도덕은 복수(複數)이고, 주어진 영역이나 장소에 따라 윤리적 가치를 적용하는 방식이다. 태도, 행동, 문화적 실행은 윤리와 보편성을 참조하지 않고는 분석될 수 없다. 만약 그렇게 한다면 문화상대주의의 함정에 빠질 가능성이 많다. 인간의 권리는 성스러운 종교영역 밖에서 윤리적 목표를 구현하려는 유일한 시도라 할 수 있다.

비종교 원칙은 개체주의를 초월하고 '더불어 살아가길 원하기'의 원칙을 유지하는 범위 내에서 개체주의를 표현할 수 있도록 허용한다. 물론 여기에서 말하는 비종교는 이념이 아니라 가치에 속한다. 비종교 원칙이 자리 잡게 된 것은 다원론을 내세우면서였고, 따라서 이 원칙을 새롭게 하고 인정받을 때도 다원론을 내세워야 한다(Abdallah-Pretceille, 1996c).

상호문화는 실행뿐만 아니라 분석과도 밀접하게 연관되어 있다. 이 둘 사이의 밀접한 관계는 상호문화에 해석주의와 인본주의 사이를 오가는 위상을 부여한다(Duvignaud, 1966). 뒤비뇨(J. Duvignaud)에 따르면 "사람들이 흔히 생각하는 것처럼 인본주의는 동시대인 사이에서 합리적인 체계를 만들어낼 수 있는 인간이나 그의 능력에 대한 단순한 도덕적 정의가 아니다. …… 인본주의에 대한 대(大)정의는 늘 사회구조의 변화와 같은 시기에 내려진다."

3. 차이에서 변이로

"넓은 평원에 사는 인디언의 심리를 분석하기 위해서는 심리 분석학자가 되어야 하나, 아니면 민족학자가 되어야 하나?" 드 브르는 이 질문에 대한 답을 얻기 위해 문화와 무의식의 관계를 연구했다(Devereux, 1967). 교육계에 문화가 도입되자 사람들은 똑같은 유형의 질문을 던졌다. 출신 문화가 다른 아이들을 가르치기 위해서 교사는 교육학자가 되어야 하나, 아니면 민족학자가 되어야 하나? 교육 행위는 적어도 교사와 학생이라는 두 개의 다른 세계가 만나는 지점에서 이루어진다.

오늘날 어떤 교육 행위가 문화적으로 다르다고 여겨지는 대상에게 적합한지 아닌지는 중요한 화두 중 하나가 되었다. 그렇다면 교육적 개입을 어떻게 조정할 수 있을까? 어떤 방식을 따를 것인가? 문화적 여건은 교수와 학습 행위에 어떤 영향을 끼치는가? 다른 사람의 세계로 들어가는 일이기 때문에 흔히 상징적 폭력으로 부르기도 하는 행위와 차이나 교육적 전통을 존중하는 행위를 어떻게 합치시킬 수 있을까? 이 질문에 대한 답은 다양하고, 그에 따라 다문화주의적 방향 설정이나 상호문화주의적 방향 설정을 채택할 수 있다.

홀(E. T. Hall)은 문화주의적 분석을 시도했다(Hall, 1979). 연구의 출발점은 다음과 같은 사실을 부정할 수 없다는 것이었다. 즉, "애리조나 주 러프 록에 사는 나바호족의 수업 분위기는 대부분의 미국 수업 분위기와 전혀 다르다. 학생들이 훨씬 더 독립적이다. 사람들이 학생들의 뒤를 덜 쫓아다니고 학생들에게 더 많은 자유를 주기 때문이다. 수업의 진행 과정을 살펴보면 그 흐름이 백인 학교의 흐름보다 훨씬 느린 것을 알 수 있다." 그래서 교육적 모형의 적합성·합당성 문제가 제기되었다. 이렇게 전적으로 문화주의적인 입장을 그 원칙에 적용함에 따라 교육 행위는 파악되고 범주화된 대상에 점점 정확히 맞춰지게 되었다. 이런 적용은 장기적으로 볼 때 학교의 (다원성의 고려와는 혼동하지 말아야 하는) 다원화로 연결될 수 있다.

글래이저(N. Glazer)는 민족적·문화적 소속에 맞추어 교육을 실시한 후 소수민족 학생의 학업 성적을 비교·분석했는데, 그 결과 문화적 차이를 고려해 교육 방법과 내용을 선정해도 실제로 학생의 학업 성취도에는 별다른 영향을 미치지 않는다는 결론을 내렸다(Glazer, 1987).

교사는 보편성의 원칙을 따라야 하는가, 아니면 차이의 논리를 극단적으로 밀고나가면서 다양한 국가·문화·사회집단에 맞춘 매우 세분화된 교육의 원칙을 따라야 하는가? 교육은 교육적 효율성을 수업의 전통과 인지 수준에 맞추어 조정함으로써 개인

간의 차이와 집단 내부의 차이를 크게 고려하기보다 교양에 힘써야 한다. 차이를 강조하는 것은 모형의 잠재적인 불일치와 모순을 인정하는 것이다. 교육 영역에서의 문화주의는 차이를 극대화시켜 의사소통의 불능 상태를 초래할 위험이 있다.

지식의 습득과 전수 방식이 문화에 따라 다르다는 것을 인정한다면 이 방식이 개인, 시대, 학업 수준 등에 따라 다르다는 것도 인정해야 한다. 교사는 그들에게 문화적 틀에 맞는 인지 및 지각의 지도(地圖)를 그리라(Lonstreet, 1978)고 조언한 론스트리트(W. Lonstreet)를 따라 민족학자가 되어야 하는가? 압달라-프렛세이는 드브르의 주장에 동의하며 생성인류학 지식, 즉 (문화변용, 동화, 문화저항, 문화정체성 등) 문화 현상과 과정을 그 생성적 가치 속에서 이해하기를 권한다(Abdallah-Pretceille, 1990). 민족지학적 차이와 문화적 정보는 문화의 역동성을 제대로 이해하지 못하게 만든다. 이런 지식은 필요하긴 해도 충분치는 않다. 따라서 세르토(M. de Certeau)의 표현대로 "기술적으로 사용할 수 있는 이질적인 것"(de Certeau, 1975b)을 찾아내는 법을 배워야 한다. 정신과 의사에게 민족지학의 전문가가 되어 환자의 문화를 자세히 파악하라고 요구하는 것이 옳지 않듯이, 교사가 특수한 전문적 지식까지 알 필요는 없다.

사실 문화 지식이 있다고 해서 반드시 이해를 더 잘하는 것은 아니다. 오히려 그 지식은 배경 역할은 할 수 있는데, 그 이유는 사람들 중 그 어느 누구도 자기 집단을 '대표'하지는 않기 때문이다. 문화 지식 자체를 무용지물이라고 생각해서는 안 되겠지만, 집단의 문화적 특성과 개인을 무조건 일대일로 대응시키는 것은 분명 재고해야 한다. 학생들은 문화적 차이에 대한 지식보다는 상황을 분석할 수 있는 능력을 길러야 한다. 다시 말해 문화적 특징에 대한 지식이 교육적 행위에서 필수적인 것이 아니라면 교사는 학생들에게 상황을 이해할 수 있는 능력을 신장시켜 줄 필요가 있다.

우리는 여기서 민족학자들이 내세운 내부자적 관점을 다시 만나게 된다. 민족학자들은 사실의 기술보다는 외부인에게는 감지되지 않지만 행위자의 눈에는 매우 중요한 내적 차별 과정에 더 큰 관심을 가진다. 만약 교사의 임무 중 하나가 자신의 교육을 대상에 맞추는 것이라고 하더라도 이것은 선험적이고 집단적인 범주화를 따르라는 의미가 아니다. 목적은 다양성과 이질성을 그 원칙에 따라 다루는 데 있지 권위적으로 강제된 외적 정의에 따라 다루는 데 있지 않다. 실제로 외국인 학급은 그 학급이 외국 이름을 가진 학생들로 구성되었음을 의미하는 것이 아니며, 이민자 학급을 의미하는 것은 더더욱 아니다. 문화적 차원을 고려한다는 것은 신원을 파악하거나 범주화하는 것과는 거리가 멀다. 학생들을 무엇보다도 먼저 개별적인 존재로 여겨야 하고, 통계상 특성이나 소속 집단으로 한정해 평가해서는 안 된다. 이는 교육학에서 문화적 모형의 사용이 현실적인 환상으로 이어져서는 안 된다는 말이다.

분석과 지식만으로는 학생들의 특성은 파악할 수 없고, 단지 그들의 보는 방식, 자기소개, '연출'에 그칠 수밖에 없다(Goffman, 1956). 분석은 외관 수준에 머물기 때문에 본질에 이를 수 없다. 명확한 것, 동질적인 것, 안정된 것의 추구는 교사의 목표가 될 수 없다. 왜냐하면 이와는 반대로 교사는 복잡한 것, 다의적인 것, 이질적인 것과 관련해 일하기 때문이다. 중요한 것은 다양성과 변화를 인식한 후 타인에게 주의를 기울이고 그를 관찰하고 듣고 보는 것이다. 주의를 기울이고 열린 마음을 갖는 것은 타인에 대한 정보를 얻는 수준으로 한정될 수는 없다. (인류학의 주요 주제인) 문화적 다양성(Augé, 1994a)은 이질성의 경험 및 인정과 관련이 있지만 문화, 좀 더 정확히 말해서 문화적 지식과 관련 있는 것은 아니다. 이질성은 교육과 하나를 이루지만 문화적 다양성의 영향으로 점점 더 복잡해지고 있다. 교육적 전문성이나 학습의 기술화를 위해 뒤로 밀려난 이질성 문제는 역설적으로 '외국인'을 통해 다시 무대 전면으로 나왔다. 수단과 방법에 비중을 둔 시기를 지난 철학이 다시 교육의 핵심에 놓이게 된 것이다.

타인이 특수성과 보편성을 가지고 부상한 것은 윤리적 질문이 다시 대두된 것과 무관하지 않다(Abdallah-Pretceille et Porcher, 1998). 적어도 두 가지 현상이 이 변화를 주도했다. 하나는 기술에 너무 큰 비중을 둔 나머지 교육 기술을 포함해 '모든 것을 기술'로 보았기 때문이고, 다른 하나는 사회체제가 점점 복합적이고 다원화됨에 따라 기준을 상실했다고 느꼈기 때문이다. 사람들 간의 접촉이 다원화되면서 위기·갈등·실패가 빈번해지자 이질성과 다양성의 경험을 기초로 한 사회적·문화적 능력을 개발할 필요성이 더욱 절실해졌다.

이런 문제는 본질적으로 윤리적 문제이다. 오늘날 학교와 교육의 문제는 전문성·기능성의 문제라기보다 존재론의 문제이다. 만약 학교의 가치와 의미가 교육 밖에 있다면 유감스럽게도 기관, 조직, 이념 등이 폐쇄와 배제의 논리에 따라 그 가치와 의미를 독점하지 않을까 걱정스럽다. 중요한 것은 잊혀버릴 수도 있는 가치를 되찾는 것이 아니라 인류학적 현대성이라는 미로 속에서 길 찾기를 배우는 것이다.

교육에서의 지식은 경험의 사진첩 위에 쓰는 단순한 서술에 만족하지 않고 특정 형태의 이념이나 교조주의와는 구별되는 하나의 이론을 필요로 한다. 따라서 상호문화적 문제제기는 상호문화교육을 새로운 모형을 통해 세워보려는 시도라 할 수 있다.

제 2 부
<u>상호문화교육</u>

제 1 장
교육에서의 다원주의 흔적

제 2 장
상호문화의 군도群島

제 3 장
외국의 사례

제1장

교육에서의 다원주의 흔적

교육에서 상호문화적 사고나 행동과 관련된 영역은 매우 넓다. 왜냐하면 모든 교육은 하나 또는 여러 문화들과 관련되어 있기 때문이다. 교육적 또는 교육학적 행위가 이질적인 문화를 가진 대상에게 적합한 것인가는 매우 중요한 문제이다. 교육학적 개입을 어떻게 적용할 것인가? 또한 어떤 방식으로 할 것인가? 문화적 요인은 학습에 어떤 영향을 끼치는가? 타인의 세계 속으로 들어간다는 의미에서 보면 일종의 상징적 폭력으로 정의할 수 있는 교육과 교육적 전통을 어떻게 공존시킬 것인가? 오늘날 교육계는 이런 유형의 많은 질문을 던지고 있다.

그런데 이에 대한 대답은 모두 동일한 모형에 속하지 않으며, 사회와 학교가 길러내고자 하는 인간에 대해 다시 한 번 생각해 보게 한다. 상호문화교육은 차이에 치중해 원자화된 학교와 동질성을 지나치게 강조해 무기력해진 학교 사이에서 하나의 대안으로 떠오르고 있다. 이런 의미에서 상호문화교육은 교육철학이라고 할 수 있다.

다양성과 복수 소속을 풍요로움이라고 인정하는 것은 중요한 일이다. 다원주의 교육은 단지 폭력에 대한 방어수단일 뿐만 아니라 현대 사회의 문화적·시민적 양식(良識)이라는 적극적인 원칙이다. 중요한 것은, 추상적이고 축소적인 보편주의와 특정문화를 넘어서는 그 어떤 우월한 요구도 있을 수 없다고 보는 상대주의 사이에서 보편적인 것을 향한 개방과 차이를 요구할 수 있는 권리를 동시에 인정하는 것이다(Delors, 1996).[1]

들로르(J. Delors)의 이 말을 "모든 학습은 타인과 함께 이질성을 향해 나아가도록 요구하기" 때문에 혼성(métissage)이 필요하다고 강조한 세르(M. Serres)의 말과 연결시켜보면, 가장 중요한 것은 학교가 어떤 유형의 시민을 키워야 하고 키우기를 원하는지 아는 것이다(Serres, 1991). 이에 대한 대답을 얻기 위해서는 다

---

1 '다원주의', '차이'라는 용어보다는 '다원성', '다양성'이라는 용어를 사용했으면 더 좋았을 것 같다.

양성과 다원성을 어떻게 생각하고 어떤 입장을 취해야 할지에 대해 깊이 생각해보아야 한다.

이질성은 장애나 장애를 보완하는 조치와 지원을 정당화하는 기능장애 또는 난관의 근원처럼 여겨졌고 지금도 그렇게 여겨지고 있다. 이런 상황에서 상호문화교육은 이질성을 규범으로, 그리고 동질성을 (다양한 것에 대한 부정이나 권위주의에 의한) 강제로 보기 때문에 그야말로 '코페르니쿠스적 전환'이라고 할 수 있다. 또한 상호문화교육은 (혼성, 차용, 지리·문화·상징적 경계의 침범과 같은) 새로운 형태를 띤 문화변용을 예외나 부차적인 것이 아니라 풍요롭고 중요한 것으로 여기게 했다. 사람들은 (여러 문화를 동등하게 보고 중성화시켜 단 하나의 문화로 만들고자 하는) 문화의 혼성을 넘어서서 지속적인 문화변용 과정을 겪으며 살고 있다. 잡다한 것들을 점점 많이 만들어내고 일반화함으로써 이제는 바로 이 혼성의 문화가 보편적인 것이 되어버렸다.

그렇지만 상호문화교육은 여전히 의미의 모호함이라는 구름 속에 싸여 있다. 이것은 다원성이라는 특징과 강한 동질화라는 전통을 함께 가진 사회 속에서 교육을 생각해야 하는 어려움, 저항, 의심, 불확실성 등 때문이다. 상호문화교육은 종종 (사람에 따라서 긍정적으로 또는 부정적으로 보는) 이상향이나 이념의 형태로 축소되기도 하는 교육에 대한 철학적 정의, 교육적 문제를 해결하기 위한 방법론, 다양한 정도를 넘어 다소 잡다하기까지 한 활동들 사이에서 흔들리고 있다.

다양한 형태들, 나아가 상호모순적인 형태들은 계보(Foucault, 1971)를 만들어보게 한다. 다시 말해 상호문화와 관련된 이론과 활동을 그 출현 배경과 변화를 통해 파악해보게 한다. 문제에 이름을 붙일 줄 안다는 것은 이미 그 문제의 해결을 위한 첫 걸음을 내디딘 것이나 다름없다. 따라서 상호문화적 절차에 따라 살펴볼 수 있는 (이민, 비관용, 문화충격, 체제 보수주의, 차이의 요구 등) 문제들을 열거하는 것은 구조적 변화와 정세 사이의 혼동, 원인과 결과 사이의 혼동까지 다 고려하고 있음을 의미한다. 상호문화교육은 학교가 매우 다원적인 구조를 가지고 있다는 사실을 인정할 때 비로소 발견을 돕는 유용한 가치를 가진다.

1. 이민자녀의 학교교육

학교에서 상호문화적 문제를 고려하기 시작한 것은 '상호문화적 활동'이라는 표현을 통해서다. 출신 언어와 문화에 대한 교육[2]

---

2 *Bulletin officiel de l'Éducation nationale (BOEN)*, n°15 du 17 avril 1975 et

이라는 차원에서 구상된 이 활동의 목적은 외국 학생들의 문화적 정체성을 존중해 그들이 학교생활에 잘 적응하도록 도와주고, 만약 고국으로 돌아가는 경우 그 나라에서 다시 잘 적응하도록 도와주는 데 있었다.

당시의 상황을 살펴보면 경제적 위기가 있었고, 1974년 이민 정책이 중단되었으며, 이민 노동자의 귀국을 장려하는 스톨레뤼(Stoléru) 법이 실행되었다. 1978년 상호문화적 활동을 학교 내 모든 학생에게 확대하기로 한 것은 이 법이 실효를 거두지 못하자 이민자들을 정착시키는 것이 좋겠다고 판단했고, 이민이 단지 일시적인 문제가 아니라 구조적인 문제임을 깨달았기 때문이다. 1981년 우선교육지구(Zones d'éducation prioritaires: ZEP)과 관련된 공문이 전달되었고, 이때부터 사람들은 이민자녀의 학교교육을 특별한 조치의 대상이 아니라 사회적·문화적 불평등에 투쟁하는 방법 중 하나로 여기게 되었다. 상호문화교육은 사회·경제·정치적 대책과 교육적 방향 설정이 맞물려 출현한 것이고, 지금도 여전히 거기에 연결되어 있다.

상호문화적 활동은 그것을 학생들 전체로 확대하려는 노력에도 불구하고 분리된 제한적인 활동이었으며, 오랫동안 부차적이

n°36 du 7 septembre 1978.

거나 부차적인 것으로 여겨졌을 뿐 아니라 심한 경우에는 아예 무시되기도 했다. 상호문화적 활동은 현장에서의 문제점들을 서둘러 해결해보려는 시도였다. 이 활동은 개방을 시도했지만 그 개방이 문화적 다양성에의 개방으로 한정되었기 때문에 부차적이라는 한계를 벗어날 수 없었으며, 본질적으로 이민자에게 초점을 맞추고 있었다(Abdallah-Pretceille, 1982, 1986).

유럽평의회 산하의 노동 관리 및 촉진 기구인 문화협력위원회(Conseil de la coopération culturelle: CDCC)는 교육과 문화와 관련해서 1973년부터 상호문화교육을 핵심 사업으로 삼았다. 수많은 활동과 출판 중에서 몇 가지만 소개하면, 1981~1987년 이민자의 문화능력 향상과 교육을 위한 사업(Projet n°7)을 실시했고, 1989~1990년 상호문화교육의 경험을 위해 혼성된 전문가 집단을 구성했으며 상호문화교육을 위한 교사 양성사업을 실시했다. 유치원·초등학교·중등학교에서는 상호문화를 주제로 한 세미나, 회동, 학술대회, 출판이 많이 늘어났다. 그러나 유감스럽게도 이 연구나 출판은 종종 내부적으로만 남아 있어서 일반인은 물론 교사들에게도 잘 알려지지 않았다. 상호문화교육은 다음과 같은 네 가지 특징으로 정의된다.

첫째, 대부분의 사회는 다문화적이고 이런 현상은 가속화될 것이다.

둘째, 고유한 특성을 가지고 있는 각 문화는 있는 그대로 존중되어야 한다.

셋째, 다문화주의는 잠재적으로 풍요로운 것이다.

넷째, 중요한 것은 각 문화의 특수한 정체성이 사라지지 않도록 유의함으로써 다문화주의를 활성화시킬 수 있는 조치들을 취해 모든 문화들이 상호 교류할 수 있도록 하는 것이다.

상호문화교육과 관련된 용어들은 아직까지 여전히 불안정하지만, 그 방향 설정은 다른 활동 영역에 많이 적용되었고 지금까지 지속되는 것을 보면 확고부동해 보인다.

상호문화적 활동은 이것을 둘러싼 비판에도 불구하고 프랑스 학교에서 문화적 다양성을 인정한 시발점임에는 틀림없다. 그러나 프랑스 대학이 1980년대에 들어서야 이 활동에 대해 연구하기 시작했다는 사실에서도 알 수 있듯이, 상호문화적 활동은 그동안 특별한 이론적 틀이 없는 상태에서 발전해왔다. 이런 의미에서 실행자와 행위자들은 연구자들보다 한 발 앞섰다고 말할 수 있다. 프랑스에서 '여기 그리고 지금'에 대한 관심을 끌기 위해, 특히 이민 문제를 문화와 교육 차원에서 다루기 위해 '문화'에서 이국적 취향을 없애고 치외법권을 박탈하기 시작한 것은 바로 이 시기이다. 우리는 이런 활동과 지원에 대해 그 가치는 충분히 인정하지만 그와 관련된 한계나 모순 또한 지적하지 않을 수 없다.

차이에 가치를 부여하여 학교의 규범주의적 성향을 무조건적으로 비판하기. 사실 사람들이 재고하기 시작한 것은 규범 개념 그자체가 아니라 단지 국가에서 종교적·문화적 집단 등으로 옮겨가면서 좁아진 그 한계 범위이다. 학교의 목적은 여전히 규범화, 나아가 동질화에 있는데, 본질적인 차이는 집단의 크기에 있다. 학교는 사회와는 달리 그 자체가 나뉘어 복수가 될 수 있다. 그렇지만 사회의 경우에는 비록 다원적 특징을 가지고 있다고 하더라도 그 사회를 전체성이 결여된 사회라고 말할 수 없다. 따라서우리는 다양성을 다원주의로, 다시 말해 어느 한 다문화적 학교에 해당하는 구분되는 개체들의 총합으로 해석하지 않도록 유의해야 한다.

참상주의(misérabilisme)에 젖은 분위기. 상호문화적 활동은 온정적 간섭주의(paternalisme)의 색채를 띤 불평등 관계로부터 벗어나는 데 많은 어려움을 겪었는데, 이 활동은 거리감을 없애려다 오히려 거리감을 조성했다. 상호문화적 활동은 본래 이민자녀의 학업 부진과 통합의 어려움을 해결해보고자 하는 의지였다. 이민과 실패라는 두 가지 요인은 이것과 관련된 정의적·이념적 '분위기'가 어땠는지를 잘 설명해준다.

문화의 민속화(folklorisation). 상호문화적 활동은 그 내용을 종종 (음식, 공예품, 무용, 축제 등과 같이) 눈에 가장 쉽게 띄는 분야만으로 한정해 민속화시키는 경향이 있었다. 일부 사람들은 이를 희화해 '쿠스쿠스 교육학(pédagogie couscous)'이라 부르기도 했다. 시간의 흐름과는 무관한 통계적 서술 속에 파묻혀 역동성이라고는 찾아볼 수 없고 귀납적인 일관성을 따르는 (자연적 사실과 문화적 사실을 혼동해) '박제화된' 문화는 지나친 일반화, 탈문맥화, 시대착오로 인해 무기력해져 버렸다.

비교와 유추의 남용. 이것은 기존의 고정관념을 고착시키고 나아가 새로운 고정관념을 만들어낼 위험이 있다. (비교에서 프랑스 문화를 유일한 안정적 요소로 보는) 이분법적 시각은 교류와 인정이라는 본래의 의도와는 달리 불균형을 심화시키고 타인을 '사물화'한다.

한편, 이민자녀의 학교교육을 둘러싼 논의는 모호하거나 역설적인 경우가 많았다. 유럽평의회는 초창기 연구부터 개방 정책을 분명하게 밝혔는데(Porcher, 1981), 이 정책은 다른 연구자들과 실행자들에 의해서 지지받았으며 '문화적 현상의 병치가 아니라 연대의 필요성'을 강조한 베르크(J. Berque)의 교육부 보고서에 의해서 재천명되었다(Berque, 1985). 그리고 브뤼셀의 코메니우스 사업[3] 역시 이 개방 정책을 재확인했다. 이런 지속적인 천

---

3 코메니우스(Comenius) 사업에는 "노동 이민자의 자녀교육, 다문화교

명에도 불구하고 사람들은 그 대상을 이민자녀로 한정했고 상호
문화적 주제를 다른 활동과 연구로 확대 적용하는 데에도 상대
적으로 소극적인 태도를 보였다.

2. 보충교육, 배제에 대한 투쟁

상호문화교육은 경제생활과 사회생활에의 적응과 기회의 평
등을 보장하기 위한 수단이기도 했다(Porcher, 1980; Pagé, 1993).
그 목적은 불리한 여건으로 인한 발달부진의 문제를 해결하는
것이었다. 프랑스가 스위스와 퀘벡의 '수용교실(classe d'accueil)'
에 해당하는 입문교실(classe d'initiation: CLIN)을 개설한 것은 언
어능력을 보충해주기 위해서였다.

사람들은 (국가에 따라 소수민족이나 이민자의) 학업부진 문제를
해결하고 불평등을 해소하려는 의지에 대해서는 동의했지만, 그
방법으로 제시된 '긍정적 차별' 원칙과 (교정, 재교육, 보충과 같은
용어들이 암시하는) 치료적 가치에 대해서는 의문을 가지고 있었

실 속의 다중매체, 학교 내의 상호문화적 차원, 상호문화교육을 위해
혁신적인 교육 활동의 도입" 같은 주제들이 포함되어 있다.

다. 상호문화교육과 보충교육의 연계는 차이에 대한 논의의 어려움과 한계를 드러냈다(Abdallah-Pretceille, 1985).

1960~1970년의 사회문화적 장애라는 개념은 많은 비판에도 불구하고(Forquin, 1982; Cresas, 1978), 문화적 차별주의라는 형태를 통해서 그대로 이어졌다. 이 관점은 상황을 극적으로 만들고, 죄책감, 곤경, 실패 등과 같은 단어를 많이 사용했다. 그래서 차이는 결손이나 장애로 여겨졌고 보충교육과 지원 및 만회 과정을 통해 균형 잡힌 상황을 만들어보려고 했다.

약간 차이는 있지만 이런 모든 시도는 사회적 행동, 태도, 심지어 인지적 행동보다 집단의 소속을 우선시했다. 이런 유형의 정책은 계속해서 실패했고 따라서 당연히 문제로 지적되었으나, 이상향적 분위기는 늘 '동일한 것'을 반복하도록 했다. (여러 가지 유형의 보조와 지원과 같은) 많은 시도와 조치는 경험주의를 바탕으로 했고, 인지적 발달이론이나 학습이론은 원용하지 않았다.

정치적·경제적 목표가 변하고 사회적 갈등이 심화되자 사람들은 배제에 대한 투쟁, 사회응집력의 제고 등에 관심을 보이기 시작했다. 그래서 상호문화교육은 사회응집력과 평화(J. Delors, 1996)를 위한 사업 중 하나로 부상하게 된 것이다.

이질성이 확산되면서 여러 형태의 주변성, 나아가 배타성을 날마다 접하게 되었다. 이에 다음과 같은 많은 연구들이 이루어졌다.

우선, 원인을 설명하는 (그리고 그다음에는 '악의 근원'을 길게 다루는) 연구가 이루어졌다. 이 경우 문화는 설명적 가치를 가진다. 상호문화교육은 그것이 단일 차원적이고 결정주의적 인식의 문화주의자적 파행임에도 불구하고 이런 유형의 분석에 쉽게 동화되었다. 학습부진은 과거에는 (지능지수 개념과 같은) 심리학적 용어나 (사회문화적 장애와 같은) 사회학적 용어로 해석되었지만, 이제는 문화적 요인에 의해 해석되기 시작했다. 시기에 따라 심리학적·사회학적·문화적 관점이 해석을 지배한 것이다. 그러나 이런 해석은 변인들을 분리하고, 현실을 만화경을 통해 보고, 여러 인과관계 중 하나에만 치중하는 오류를 가지고 있었다. 사람들의 행동을 소속 집단이라는 기준으로 설명하려는 문화주의자적 해석의 남용은 문화로부터 복합성, 다양한 해석, 생명력을 제거해버렸다.

차별주의자적 방식의 연구도 있었다. 일찍이 발롱(H. Wallon)은 자신을 타인과 대립시켜 인식하고자 시도했지만(Wallon, 1959), 기존 연구는 대부분 이질성을 무시하고 문화에 대한 연구, 다시 말해 범주화를 통한 지식 습득에 치중했다. 이 연구들은 문화적 다양성과 다양화 과정을 무시하는 차별주의자적 관점에 따라 문화적 타인을 파악했는데, 이 경우 문화는 행동과 상황이 이루어지는 동질적 실체로 여겨졌다. 그 접근방법은 민족지학적이었고, 예컨대 혈통의 아동(Rabain, 1979), 콩고 아동, 이란 갓난아기, 발달적 적소(適所, niche) 개념 등을 이용한 전문학술적 연구를 통해 차이점과 개별성을 강조했다. 문화심리학에 속하는 이 연구 방법은 본질적으로 '작은 사회'를 겨냥했으며, 미국의 문화인류학과 상당히 비슷했다.

이렇게 많은 연구와 관심이 있었지만 복합적인 사회를 문화적 다양화의 논리에 따라 접근한 연구가 없었다는 것은 유감스러운 일이다. 문화(특히 이민자의 문화)에 대한 연구가 새로운 관심사로 부상했을 때도 연구자들은 타인을 그의 문화에 대한 지식을 통해 이해하고자 했다. 문화 연구는 주로 타인, 외국인, 다른 곳, 멀리 있는 곳에 관한 것이었다. 이 연구는 현대 사회의 혼성과 다양성을 무시하고 이국주의, '이상한 외국인'에 대한 유혹, 문화주의자적 경향에서 벗어나지 못했다. '그들'과 '우리'를 다룰 때에도 '그들 - 우리'의 관계보다 '그들'에 초점을 맞추었다.

그러나 오늘날 중요한 것은 현대 사회 속에서 (외국인, 이민자, 아시아인, 교외 지역, '제2세대' 등의) 사회적·문화적 현실을 분리해서 전문학술적 연구를 수행하는 것이 아니라 교육, 문화화, 사회화, 의사소통 과정에 관한 다원적 역동성을 연구하는 것이다. 오늘날의 아동은 예전에 비해 훨씬 어릴 때부터 다양한 문화적 참조기준을 경험한다. 이제 사회화와 문화화는 복수적이다. 지금부터 필요한 것은 사회화와 문화화의 동질적인 모형을 연구하는 것이 아니라 이런 과정 속에서 다양성을 살펴보는 것이고 아동의 행동과 발달을 ('출신 문화', 소속 문화와 같은) 단 하나의 관점으로 파악하려는 태도를 지양하는 것이다.

제2장

상호문화의 군도(群島)

이민자녀의 학업 문제를 해결하기 위한 상호문화적 활동과 관련된 공문이 나오기 시작한 1975년부터 교육에서 상호문화는 많은 모순과 논란의 대상이 되어왔다. 그러나 상호문화는 다른 교육 분야, 예를 들어 상호문화적 접근방식을 원용한 언어교육, 학교교류, 시민교육에서 큰 활기를 띠고 있다. 또한 기업, 경영 및 의사소통 관련 분야 역시 여기에 많은 투자를 하고 있다. 상호문화적 주제는 이제 (이민자의, 유럽적, 지역적) 문화와 언어에의 개방, 국제 교류에의 개방, 그리고 대중매체·여행·신기술을 통한 세계에의 개방 등 다양한 개방의 개념과 연결되어 있다.

1. 외국어 - 프랑스어와 외국어

출신 언어·문화교육(ELCO)은 1973년 포르투갈과의 합의로 처음으로 이루어졌고, 지역 언어·문화교육은 1975년 초등학교 교육 과정에 들어왔다. 유럽헌장은 서문에서 지역어 또는 소수어를 위한 상호문화와 다언어주의의 가치를 분명히 밝히고 있다. 일상생활의 국제화, 유럽의 건설, 이민과 망명, 지역화, [소크라테스(Socrates), 페트라(Petra), 템푸스(Tempus), 코메니우스(Comenius) 같은] 유럽 프로그램은 상호문화와 다언어주의가 더는 예외가 아니라 이 지역에서 활기를 띠고 있음을 잘 보여주고 있다.

1) 유럽평의회의 사업들

'외국어'사업은 1962년 유럽평의회에서 체결한 유럽문화협정의 주된 목표이다. 이 사업은 본래 의사소통을 원활히 하기 위한 것이었지만 유럽과 국제사회를 좀 더 잘 이해하기 위한 것이기도 했다. 1969년에는 세 가지 사업을 채택했다.

첫 번째 사업(1977~1981)은, 언어능력의 습득을 학습자의 필요와 동기에 맞춤으로써 또한 유럽 내에서의 이동을 용이하게 하기 위해 의사소통을 원활히 하여 언어 학습을 일상적인 현실과 일치시키려고 노력했다. 외국에 나가 일상생활 속에서 의사소통을 하는 데 필요한 지식과 능력을 정의하기 위해 1975년 '초입 수준(niveau-seuil)'을 개발하고 이것을 13개의 언어로 출판한 것은 바로 이런 맥락에서였다. 영어판 초입 수준(Threshold Level)은 1990년에 다시 수정되었는데, 여기에는 사회문화적·전략적 능력이 추가되었다. 이는 언어가 단지 언어적 도구만이 아니라는 사실을 강조하기 위해서였다.

두 번째 사업(1982~1987)은 의사소통을 강조했다. 이 사업의 독창성은 한편으로는 학습을 의사소통의 관점에서 정의하려는 의지에서, 다른 한편으로는 동원된 수단, 다시 말해 의사소통 개념을 경험적인 기반 위에 수립하기 위해 교사, 행정가, 출판업자, 자문위원 간의 활발한 회동과 광범위한 교류 프로그램을 개발하고자 하는 데서 찾을 수 있다.

'언어 학습과 유럽시민성'이라는 이름을 가진 세 번째 사업은 여러 가지 주제를 개발했다. 이 사업에는 '배우기를 배운다'라는 목표를 가지고 정보기술과 의사소통기술을 사용하는 것 외에도 (교육 과정의 하나 또는 여러 과목을 외국어로 배우게 하는) 이중언어 교육과 교류교육이 포함되어 있다. 이후 교류교육은 언어교육 속에 통합되었다. 다른 사업을 심화시키고 지속시키는 차원에서 이루어지는 이 마지막 프로그램은 특히 평가와 인증에 큰 비중을 두고 있다. 일례로 '유럽언어수첩(portfolio)'을 만들어 사람들이 공식 또는 비공식 교육을 통해 얻은 언어적 경험을 인증 받을 수 있게 했다.

사람들은 (일상생활에의 개방, 그 후에는 세계로의 개방이라는) 실용적인 목적을 서서히 시민성의 가치나 인문주의적 가치와 관련 있는 언어 학습 쪽으로 옮겨가고 있다. 여기에서 우리는 이미 언급한 변화, 즉 단지 문화에의 개방이 아니라 이질성에의 개방이라는 변화가 언어교육 차원에서도 이루어지고 있음을 재차 확인할 수 있다. 유럽위원회는 여러 가지 프로그램, 특히 언어 학습과 관련된 링구아(Lingua) 프로그램을 통해 유럽평의회의 방향 설정과 경험을 그대로 따르고 있는데, 그 골격은 다음과 같이 분명하다.

2) 언어에서 문화로

1986년부터 포르셰(L. Porcher)의 주도하에 상호문화는 외국어 - 프랑스어교육에까지 확장되었다. (경제적 의미의) 넓은 시장과 사회의 변화에 민감한 외국어교육은 빠르게 변화하고, (정보기술과 의사소통기술, 세계화와 같은) 구조적·상황적 요인을 적극 수용하고 있다. 이제 외국어는 모든 사람에게 우선적으로 갖추어야 할 능력이 되었다. 그리고 영어를 포함한 여러 언어를 구사할 수 있는 능력은 학교나 직장에서 인재 선발의 중요한 기준이 되고 있다. 그러나 영어가 이미 그 입지를 굳혔고 그리고 여전히 굳히고 있다는 사실을 감안하면 이제 영어 구사능력은 정상적이고 당연한 일이고, 따라서 이력서에서 더는 내세울 것이 아니다. 반대로 영어 구사능력이 없다는 것은 그 자체로 큰 결함으로 여겨진다.

다언어주의는 여러 외국어를 구사한다는 것을 전제로 한다. 그런데 이런 사실을 학교에서는 다언어능력을 길러주기가 쉽지 않다(일부 사람들은 불가능하다고까지 말한다)는 사실과 연결시켜보면, 외국어가 미래의 학교에서 중요한 선발기준이 될 것이라는 것은 쉽게 이해할 수 있다. 단일언어주의에서 다언어주의로의 이동은 첫 번째 이동이자 첫 번째 도전이다.

두 번째 도전은 문명에서 문화로 이동함에 따라 언어능력을 문화능력으로 확장하는 것이다(Abdallah-Pretceille, 1986). 언어능력은 분명 필요한 능력이지만 의사소통의 관점에서 보면 충분하다고 말할 수 없다. 따라서 언어적·문화적 이질성과 기이성에 대한 학습은 특수한 능력을 개발함으로써 가능하다. 언어를 배운다는 것은 문화를 배우는 것이며, "사회공동체를 움직이는 분류 체계를 이해하고 어떤 한 상황이 주어지면 그 상황에서 일어날 일(그 상황 속에서 인물들과 적절한 관계를 유지하기 위해서는 어떻게 해야 하는지)을 예측"할 수 있게 되는 것이다(Porcher, 1988). 외국어를 배운다는 것은 주어진 물리적·인간적 상황을 상이한 인식 기준에 따라 이해하는 것을 배우는 것이다. 만약 다른 나라에 대한 지식이 신문이나 여행사 등을 통해 얻을 수 있는 만화경 같은 지식으로 한정되는 것을 원치 않는다면, 다양한 관점을 교육받고 분석능력을 신장시켜야 한다. 오랫동안 언어학에 예속되었던 문화 학습이 이제 전면으로 나섰고 고정관념(Cain, 1995), 표상(Zarate, 1994)과 같은 고유한 목표와 방법을 개발했다. 민족학은 언어학 영역을 넓히는 데 기여했다.

문화능력은 (언어적 필요와 같이) 문화적 필요의 분석으로 정의할 수 있는가? 화자가 주어진 상황 속에서 의사소통을 하기 위해서는 어떤 문화적 정보와 지식이 필요한가? 이런 질문에 대답을 제시하기 위해 요즈음 많은 문화 '문법'과 안내서(Watzlawick, 1987; Hall et Hall, 1994)가 쏟아져 나오고 있다. 문제는 이런 사실적 지식이 실제로 의사소통을 용이하게 하는가 하는 것이다. 이 질문에 대한 대답 역시 다양하며 문화주의/상호문화주의, 문화능력/상호문화능력의 구분과 어느 정도 일치한다.

첫 번째 가설은 의사소통 민족지학의 연구(G. D. de Salins, 1992) 결과를 근거로 문화적 (그리고 언어학적) 지식을 강조한다. 두 번째 가설에서 말하는 의사소통능력은 대화 속에서 문화적 요소를 찾아낼 수 있는 대화자의 능력을 강조한다. 따라서 상호문화적 접근방식은 문화적 접근방식을 현대적으로 재구성한 것이라고 말하기 어렵고 그 내용도 문학작품, 예술작품, 기념물, 연도, 사실 등의 목록이 아니다. 여기서 중요한 것은 예컨대 독일이나 프랑스에 대해서 가르치는 것이 아니다. 독일인이나 프랑스인을 추상적인 집단적 실체로 가르치려는 것은 더욱 아니다. 여기에서 중요한 것은 개인을 개인으로 인정하는 것이고, 독일인이니 프랑스인이니 하는 것은 개인이 가진 정체성 중 하나일 뿐이라는 사실을 이해시키는 것이다.

언어 역시 사회의 다양화와 이질화에 의해서 많은 영향을 받는다. 그렇다면 문화 교수와 학습은 명확하게 정의하고 구분할 수 있는 고유한 대상이라고 말할 수 있는가? [포르셰, 압달라 - 프렛세이, 자라트(G. Zarate) 등이] 1980년대에 특별히 외국어-프랑스어 영역에서 시도한 체계화는 10년이 지난 후 재고의 대상이 되었는데, 여기에는 의사소통에 대한 관심과 확대 적용, 언어학에 지나치게 의존한 언어교육의 후퇴라는 요인이 작용했다. 언어교육에 적용된 의사소통 민족지학에 관한 연구(de Salins, 1992)과 의사소통 인류학에 관한 연구(Abdallah-Pretceille, 1996a; Winkin, 1996)는 그 다양성에도 불구하고 모두 하나같이 문화를 언어가 아닌 의사소통과 관련지었고, 그 결과 사회적 행위로서의 의사소통활

동이 다시 중심에 서게 되었다. 압달라 - 프렛세이(1996a, 1999)
는 의사소통상 오해를 기능장애와 구분한다. 의사소통상 오해는
문화적 특징에 대해 무지한 상태에서 뭔가를 찾아내려는 것으
로, 그 관계에 대해서는 신경 쓰지 않는다. 기능장애는 반대로 그
관계가 처음부터 문제가 된다. 관계에 대한 이런 혼란은 다양한
징후를 통해 특히 문화적 사실을 다룰 때 많이 나타난다.

3) 실용주의와 인문주의 사이의 언어와 문화

지금까지 언어에서 문명으로, 또 문화로 옮겨왔다. 요즈음은
언어적 활동 밖에서의 문화 연구가 활발하게 이루어지고 있다.
국제 교류가 증가하고 일상화되면서 언어적 이질성과 문화적 이
질성 사이에 간극이 생겼고, 사람들은 문화적 이질성에 점점 더
큰 비중을 두기 시작했다. 이미 널리 퍼진 다언어주의가 앞으로
더 확산되더라도 문화적 경험은 늘 더 풍요롭고 광범위할 것이
다. 문화 연구의 출현은 이와 관련된 사회적 요구가 점점 커지고
있음을 잘 보여준다(Byram, 1992). 문화 연구는 문명 교육이나
민족지학적 연구를 단순히 그리고 온전히 재생한 것이 아니다.
문화 연구는 서서히 그 틀을 갖추어 가고 있으며 그 대상과 방법
을 상호문화를 토대로 설정해나가고 있다.

언어로 출발했든 문화로 출발했든 간에 지금까지의 언어교육은 본질적으로 도구화라는 목표 하에서 이루어져왔다. 언어는 분명 의사소통의 도구이다. 그런데 만약 이질성을 충분히 고려하지 않으면 이 의사소통의 도구는 편협한 기능주의나 실용주의에 빠질 위험이 있다. 문화·만남·교류에서의 이질성이 중시되면서부터 인간에 의해 인간을 더 잘 알고자 하는 인문주의가 다시 떠오르고 있다.

2. 학교와 교육의 교류

　　상호 간의 이해와 관계를 개선하고 용이하게 하고자 하는 교류 활동은 그 사례가 점증하면서 이제는 보편화되었다. 여행·접촉·만남은 인종주의, 외국인혐오증, 편견 등을 없애는 데 매우 훌륭한 방법으로 여겨지고 있다. 그렇지만 정치가, 결정권자, 교육자 사이에 널리 퍼진 이런 생각은 다시 한 번 검토해볼 필요가 있다. 왜냐하면 그간에 이루어진 많은 연구들의 결과에 따르면, 교류가 반드시 고정관념과 편견을 줄인다고 보기 어렵기 때문이다. 사실 그 어떤 연구도 편견을 단순한 접촉의 경험만으로 없앨 수 있다고 보지 않는다. 반대로 ('난 봤다니까', '난 거기에 산 사람이야'라는 식으로) '살아본' 경험을 내세워 그릇된 생각과 인상을 강화시킬 수 있다. 실제로 여행과 교류 후에 외국인을 전보다 더 싫어하는 경우도 드물지 않다. 앞서 언급했듯이 그동안 개인 간 또는 집단 간의 관계 개선에는 교류와 만남이 최고라는 이상향적 생각이 지배적이었다. 1973년부터 타피아(Cl. Tapia)는 문화적 다양성을 보여주는 벨빌(Bellveille) 지역에 있는 한 학교의 학생들을 대상으로 연구를 수행한 바 있는데(Tapia, 1973), 적절한 교육과 지도가 없는 상태에서 이루어진 집단 간의 일상적 접촉만으로는 우호적인 태도와 의견을 이끌어낼 수 없다는 결론을 내렸다. 일찍이 노스럽(F. S. C. Northrop)은 직접적인 경험이 올바른 지식을 제공한다고 믿는 것은 환상일 뿐이라고 지적했다. 그에 따르면 동양을 알기 위해서는 동양에 사는 게 아니라 동양적인 것을 경험할 필요가 있다. 또 중국 문학이나 문헌을 공부하는 것이 역설적으로 중국을 이해하는 데 큰 도움이 된다는 것이다(Northrop, 1946).

유럽연합은 여러 프로그램을 통해서 '행동 연수'에 큰 관심을 보이고 있다. 이것은 매우 긍정적으로 평가되지만 점점 '손쉬운' 그리고 공적 지원을 받는 체류를 통한 '이질성의 상업화'는 학습의 구조화를 경시하고 있다는 점에서는 다소 유감스럽다. 교류에 포함되어 있는 관광·휴식·여가는 그 자체로 나쁘게 볼 수 없고, 정의상 학교와는 또 다른 교육의 장이라 할 수 있다. 그렇지만 경험과 행동은 교육과 양성을 완전히 보장하지는 않는다. 경험이 유익한 것이 되려면 교육을 동반해야 한다.

그렇다면 이런 노력은 어떤 형태로, 어떤 조건에서 이루어져야 하는가? 이제 이 점에 대해서 한 번 진지하게 생각해볼 필요가 있다. 진정한 의미의 교류는 조직자와 참여자의 좋은 의도와 자발성만으로 이루어지지 않는다. 교류는 (활동과는 혼동하지 말아야 하는) 교육적 목표 하에 구성된 진정한 교육 계획을 통해 이루어져야 한다. 상호문화교육은 그 개념과 방법을 통해 이런 구상과 행동의 틀을 제공할 수 있다.

수년 전부터 프랑스 - 독일청소년센터(Office franco-allemand pour la jeunesse: OFAJ)의 활동은 상호문화교육을 통해 교류, 특히 학교 간의 교류를 기능주의와 기계화로부터 벗어나게 하고 있다. 또한 1990년부터 유럽평의회는 구역, 지역, 국가, 국제단체 등에서 일하는 청소년 담당 강사들을 대상으로 집중 상호문화교육 프로그램을 실시하고 있다. 유럽평의회 청소년 담당자들과 국제 청소년 기구 책임자들은 유럽 사회의 건설을 위해서 문화적 다양성을 다루어야 하며, 사회적 결속과 상호문화적 이해를 위해서는 구체적인 교육 활동이 필요하다고 생각하고 있다(Rowles, 1992).

언어 체류에서 교류로. 학교 간의 교류는 본래 언어능력을 개발하는 수단으로 간주되었다. 이런 이유로 의사소통은 언어적 차원으로 제한되었고, 그 결과 언어구사능력의 신장은 기대에 미치지 못했다. 이 분야의 결과는 만족스럽지 않았고 그것은 지금도 마찬가지다. 일상생활의 세계화와 국제적 목표는 언어 체류라는 일대일 관계를 단절하고 목표를 심화·확대할 것을 요구하고 있다.

타인을 만나는 것은 단지 '그의 단어들'을 사용하는 것을 의미하지 않는다. 타인을 만나기 위해서는 언어를 넘어서서 공감, 의사소통, 집단 간의 협상, 관계설정 등과 같은 능력도 신장시켜야 한다. 이런 능력 신장이 배제된 모든 언어 학습은 그야말로 기계적인 것일 수밖에 없다. 한 언어에 대한 지식은 이질성 교육으로 보완되지 않으면 기대와는 달리 타인과의 만남을 방해할 수 있으며, 조작되고 보편화된 사회적 자폐나 사회적 앵무새의 형태를 조장할 가능성이 많다.

이렇듯 현대성은 교류의 편협한 언어적 한계를 벗어나 만남·연대성·협력·참여를 중시하라고 요구한다. 언어 교사들은 점점 더 (역사, 미술사, 기술 등과 같은) 다른 과목 교사들과 협력하고 있다. 언어는 이제 더 이상 목표가 아니라 교류의 수단이다. 이제 학교 간의 교류는 단순한 언어교육이 아니라 인성교육이고 직업교육이다. 교류 프로그램은 모든 교육과 연수가 거쳐야 하는 필수과정이 되어버렸다(유럽의 교류 프로그램이 양성 과정에서 점점 큰 비중을 차지한다는 사실을 상기하자).

교류의 상호문화교육을 위하여. 프랑스 - 독일청소년센터(OFAJ)의 연구는 특수한 교육 형태를 출현시키는 데 크게 기여했다. 이런 교육 형태는 사람에 따라 교류의 교육학(Colin et Müller, 1996), 국제교육학(Demorgon, 1989), 범문화 능력(Baumgratz, 1992) 등으로 부른다. 우리는 이런 연구와 실행으로부터 하나의 공통점을 찾아낼 수 있는데, 만남이 개방과 대화를 조장하는 데 충분하다는 그릇된 생각을 버려야 한다는 것이다. 그 교육적 제안 중 중요한 것을 소개하면 다음과 같다.

본질적인 문제는 교류를 어떻게 실시할지를 아는 것이 아니라 교류와 만남의 위치를 이질성 교육의 목표와 관련해 아는 것이다. 학교와 관련 기관은 가치를 연결시키는 또 다른 방법인 이 교육을 실시하고 있다. (철학, 역사, 문학, 언어 등의) 여타 교과목과 마찬가지로 교류는 어디까지나 교육을 위한 하나의 도구일 뿐이다. 이제 청소년의 요구는 단순한 도구적 차원의 교류를 넘어서서 세상을 좀 더 잘 이해하고자 하는 차원으로 옮겨가고 있다.

교류는 사람들 간의 우정, 상호공감, 진정한 의사소통, 자발성, 상호이해, 그리고 문화들 간의 대화와 같은 신화(神話)와는 거리를 두어야 한다. 왜냐하면 이런 신화는 관계를 단순화시키고 관계를 종종 덜 열정적이거나 덜 목가적인 일상생활이 아닌 비현실적인 곳에 위치시키기 때문이다. 개인을 불러 모은다고 해서 집단이 만들어지는 것이 아니다. 그리고 가까이 앉혀놓는다고 해서 서로를 받아들이는 것은 더욱 아니다.

교류는 너무나 자주 유사점은 무시하고 차이점만 강조하는 경향이 있다. 이런 접근방식은 이미 언급한 문제를 보일 뿐만 아니라 지적으로도 도움이 되지 않는다. 이런 접근방식은 대상 밖에 머물러 있기 때문이다. 이 방식은 차이점을 마치 박물관의 작품들을 관람하듯이 맥락 밖에 다루므로 그 자체가 이미 이국적이라고 할 수 있다. 유사점은 성찰의 과정을 요구하지만, 차이점은 단순한 확인만으로도 충분하다. 문화를 이해한다는 것은 문화적 사실을 열거하거나 의식, 신화, 관례 등을 수집하는 정도로 축소된 단편적인 시각을 넘어서는 것을 의미한다. 일관성과 공통점을 찾기 위해서는 모자이크식 지식을 초월해야 한다. 차이점은 주어진 것이지만, 유사점은 세세한 것, 직관적인 것, 주관적인 것을 넘어서기 위한 인지적 활동과 구성의 결실이다.

교류의 또 다른 가치는 기하급수적으로 늘어나는 이질성을 경험할 수 있게 해준다는 것이다. 실제로 사람들은 이질성을 만남 속에서 더 절실하게 그리고 종종 더 극적으로 경험한다. 이런 상황은 가까운 환경과 일상생활 속에서 자리 잡아 보편화된 학습을 용이하게 할 수 있다. 교류는 이렇게 타인과의 만남을 통해 정체성 형성에 관여한다. 라드미랄((J. R. Ladmiral)과 리피안스키(E.

M. Lipiansky)가 언어적 상호작용이 아니라 (투사, 분리, 부인, 이상화 등과 같은) 방어기제와 정체성 전략을 연구하고 국가 정체성의 위치를 만남 속에서 연구한 것(Ladmiral et Lipiansky, 1989)도 바로 두 나라 또는 여러 나라 집단 간의 역동성을 통해서였다.

교류 활동은 본질상 타인이나 타인의 문화에 관심을 집중시키기 때문에 관계의 불균형을 초래할 수 있다. 그러나 중요한 것은 타인과 맺고 있는 관계이지 타인에 대한 지식이 아니다. 이 관계는 필연적으로 각자의 고유한 정체성, 즉 고립되고 분리된 상태에서의 정체성이 아니라 의사소통과 관계 속에서의 정체성과 관련 있다. 달리 말하면, 주어진 상황 속에서 자신이 누구인가를 알고, 프랑스인 또는 독일인으로서의 자신의 행동양식을 객관화할 수 있어야 한다. 상호문화적 관점에서 볼 때 가장 중요한 것은 상호주관적인 행동이다.

학교 간의 교류는 개인적인 관계와 기관 간의 관계를 연결시킨다. 이 관계는 점점 더 구조화되고 있다. 학교·대학교·지역·지방 간의 국제 교류는 점점 더 조직적으로 이루어지고, 여행에 대한 취미, 선한 의지, 경험주의 등으로부터의 탈피를 요구하고 있다. 따라서 교류는 더는 단순한 관리 차원이 아니라 정치와 정책 차원에 속하는 문제이다.

교육의 기술과 방법은 빠르게 발전하고 있다. 제2차 세계대전

이후 크게 유행했던 가족 간의 왕래나 학생 간의 서신교환으로 부터 서서히, 특히 사회심리학[예를 들어 '변화의 집단'(Lipiansky, 1996b) 같은]이나 인류학의 개념과 방법론을 원용한 교수법으로 발전해왔다. 정보 및 의사소통의 새로운 기술은 (영상편지, 인터넷 등의) 잠재력을 잘 활용하고 있다. 이에 관한 연구와 활동은 앞으로 지속될 전망이다.

그동안 별로 고려되지 않았던 평가는 여전히 해결해야 할 문제로 남아 있다. 평가를 하기 위해서는 정한 목표에 따라 언어적 목적을 내세울 것인지, 문화적 목적을 내세울 것인지, 태도의 변화를 기대할 것인지 등을 미리 정해두어야 한다. 힐데스하임 대학의 뮐러(D. Müller)는 연극을 통한 평가를 제안했다. 그는 연극을 통해 평가를 실시하면 국제적 교류 프로그램이 상호문화적 만남에 도움이 되는지 아닌지 평가할 수 있다고 주장했다. 연극은 거울 효과의 경험을 체험하게 하고 스스로 일상적인 현실과 맺고 있는 관계를 변화시키도록 한다. 연극과 같은 허구는 죄책감이나 위협감을 느끼지 않고 상호문화적 만남을 경험하게 하는 장점이 있다. 뮐러에 따르면, 상호문화적 만남을 기획한다는 것은 학습 내용을 준비하거나 전달하는 것이 아니라 만남의 공간을 만드는 것이다. 그리고 강사의 역할은 이런 만남의 기회를 주선해주는 것이다.

3. 시민교육

다원적 사회에서 시민교육[1]의 목표는 두 가지이다. 하나는 점점 이질화되고 있는 사회 속에서 공동의 가치와 민주주의적 가치를 실현하는 것이고, 다른 하나는 더 이상 단일성과 배타성이라는 방식이 아닌 충성의 다원성에 따라 새로운 시민적 관계를 생각해보는 것이다. 유럽의 정체성은 국가 정체성을 배제하지 않고, 국가 정체성은 지방 정체성을 포함한 그 어떤 형태의 정체성도 부정하지 않는다. 이중 국적을 가진 사람은 두 나라에서 모두 투표할 수 있다(정치학자들은 이 문제에 대해서 아직까지 별로 심각하게 논의하지 않고 있다). 감(減)하거나 반(反)하는 것이 아니라 가(加)하는 그리고 '가변익(可變翼)'을 가지고 집단적·개인적·다(多)참조기준적 역사에 따라 늘 변하는 정체성은 다원성, 복합성, 협상, 전략 등의 용어로 이해되고 있다.

시민성은 (프랑스에서처럼 국적만 있으면 가질 수 있는 투표권과 같은) 권리뿐만 아니라 행동하려는 의지, 권력, 능력 등과도 관련 있다. 오늘날 문제가 되는 것은 이 둘 사이의 불일치다. 여기서는

---

1 시민성교육(éducation à la citoyenneté)을 보다 자세히 다루기 위해 여기에서 교육 내용은 크게 고려하지 않기로 한다.

쉽게 다루기 어려운 법적·정치적 측면보다는 교육적 측면으로 한정해 생각해보기로 하자. 물론 학교가 결점, 특히 법적 공백을 단독으로 메울 수 있다는 환상은 품지 않은 채 말이다. 교육은 사회의 계획을 단독으로 결정할 수 없다. 교육은 교육을 포함하는 사회의 반영일 뿐이다. 그렇지만 교육은 단지 권리만이 아니라 일반의지에도 기초하고 있는 공민정신의 구성(또는 재구성)에 기여할 수 있다.

그렇다면 그것의 장애, 난점, 한계는 무엇인가? 그것의 근거, 핵심이론, 지식은 무엇인가? 집단 정체성의 원심력적 요소와 통합적 요소는 무엇이고 또 무엇이 될 수 있는가?

이 문제는 유럽 차원에서만큼 국가 차원에서도 중요한 문제다. 왜냐하면 이 문제는 유럽시민성을 정의하는 문제와 관련 있기 때문이다(Abdallah-Pretceille, 1994, 1998). 1997년 제2차 유럽 평의회 정상회담에서 채택한 '민주시민성교육' 사업의 목적은 21세기 유럽시민의 가치와 능력을 정의하고 있다. (퀘벡의 '공통의 공공문화'처럼) 공통의 시민규범을 정의하고 준수할 필요성에 대해서는 많은 논의가 있었다. 시민성은 늘 출현 조건과 관련이 있으며, 그런 의미에서 상호문화교육과 시민성교육을 상호보완적이라고 생각하는 사람들이 점점 늘어나고 있다(Birzea, 1993). 르카(J. Leca)는 소속의 시민성과 가담의 시민성을 구분한다. 소속의 시민성은 '특수한/일반적', '공동체/사회', '높은/낮은'이라는 세 축으로 구성되어 있다. 그리고 가담의 시민성은 '공적/사적', '복종/자율', '권리의 요구/의무의 인정'이라는 세 축으로 구성되어 있다(Leca, 1986). 사회적 차별과 공통의 소속 사이의 갈등을 풀어주는 것은 르카가 시민성의 마지막 특징이라고 지적한 '교양'이다.

1) 다양성의 인정 조건으로서의 무종교성

무종교성이 전통에서 미래의 힘으로 부상한 것은 이런 질문들을 통해서다. 무종교성은 체제보수주의와 통합 사이에서 다양성을 관리하기 위한 존재론적이자 실용적인 전망이다(Abdallah-Pretceille, 1996c). 다양성의 이성적인 접근방식은 무종교성이 단지 하나의 이념이나 조직원리가 아니라는 사실을 다시 한 번 확인하게 한다. 그렇지만 무종교성을 새롭게 논의하고 재협상할 필요가 생겼는데, (유럽 건설로) 정세가 바뀌었고 그 회원국이 늘어났기 때문이다(이슬람교의 확산, 그리고 다른 종교 특히 동양종교의 확산을 참고). 프랑스는 이 문제에 관한 한 소수자의 입장이 되었는데, 그렇다고 해서 프랑스가 자신의 입장을 부정할 이유는 전혀 없다(분석의 적절성과 입장의 적절성은 숫자나 비율 문제와는 별개다). 무종교성은 한번 정해지면 영원히 변치 않는 고정 상태가 아니라 지속적으로 구성되는 것에 기초한 사회응집력을 추구하는 노력에 동참한다. 중요한 것은 잡다함(divers)의 미학에 의존함으로써 이질성을 고려하는 인문주의를 만들어내는 것, 좀 더 정확히 말하면 다시 만들어내는 것이다.

2) 인권교육

인권을 가르친다는 것은 그 내용과 더불어 가치를 가르친다는 것이다. 오디쥐에(F. Audigier)는 첫 번째 문제인 내용을 충분히 다루었다(Audigier, 1987, 1992). 그러나 가치의 문제는 여러 나라에서 상이한 형태로 인식되고 있다. 인권은 유럽평의회가 내세우는 철학의 핵심 주제이다. 1978년부터 유럽평의회는 여러 차례 세미나를 열어 상호문화학습을 통한 인권교육에 대해 진지하게 논의해왔다. '민주주의, 인권, 소수자: 교육적, 문화적 측면' 사업(1993~1997)[2]은 좋은 사례이다. 비엔(Vienne) 정상회담의 권

---

2 유럽위원회는 이 주제에 대해서 많은 출판물을 발간했는데, 특히 *The Challenge of Human Rights Education*, Londres: Couseil de l'Europe/Cassell, 1991을 참조할 것.

고를 실행에 옮긴 이 사업은 세 가지 목적을 가지고 있다.

첫째, 시민교육, 상호문화교육, 문화적 민주주의를 확산한다.

둘째, 민주주의 사회에서 다양성을 다룰 때 대두되는 교육적·문화적 측면을 살펴본다.

셋째, 교육적·문화적 권리와 관련된 정부들의 방침과 방향 설정에 도달한다.

이제 이 사업은 중요한 참조기준으로 인정받고 있는 상호문화의 개념적 틀을 참조하면서 다양성의 관리 문제를 각각의 활동 속에서 고려할 필요성을 다방면으로 강조하고 있다. 그 방향 설정은 인종주의와 비관용을 타파하고자 하는 유럽 청소년 운동과 관련된 자료 속에 잘 나와 있다.

3) 태도와 능력

다른 모든 교육과 마찬가지로 상호문화교육 역시 태도와 행동의 기초를 이루는 가치문제와 관련 있다. 다문화교육은 미국에서 반인종주의 교육으로 정의되고 있다. 문제는 (외국인혐오증, 민족주의, 체제보수주의 등과 같은) 외국인 거부 움직임의 산발적 재연과 반인종주의 운동의 빈번한 실패로 인해 이런 교육에 근본적으로 재고할 수밖에 없는 상황에서 어떤 교육적 방법을 도입하면 이런 태도를 변화시킬 수 있는지 알아내는 것이다. 의식과 행동 변화 사이의 상관관계는 아직까지 검증되지 않은 상태다. 홀에 의하면, 가장 보편적인 상황 속에서의 의식은 행동의 변화를 따른다(Hall, 1981).

의사소통적 접근방식. 의사소통의 두 가지 차원, 즉 관계적 차원과 초의사소통적 차원은 지각/지식/행동이라는 도식과 결부된다. 만약 팰러앨토 학파의 주장대로 행동에 영향을 주는 것이 의사소통이라면(Watzlawick *et al.*, 1972), 새로운 형태의 접근방식들을 시도해볼 필요가 있다. 중요한 것은 먼저 행동을 언어 표현을 통해 합리화하려고 시도한 후에, 또한 새로운 태도의 습득과 새로운 규범의 통합을 위한 프로그램을 실시한 후에 의사소통을 실행적 차원에서 연구하는 것이다. '변화의 집단'[3] 개념은 이런 의미에서 하나의 해답이 될 수 있다. 이런 유형의 연구와 성찰은

---

3 "이 개념은 그 이론적·방법론적 근거를 레빈(K. Lewin)의 집단 역동성, 로저스(C. Rogers)의 만남의 집단, 비온(Bion), 풀케스(Foulkes), 앙지외(Anzieu), 카에(Kaës), 루치(Rouchy) 등의 심리분석적 영감치료 집단과 같은 다양한 유형의 심리학으로부터, 또 팰러앨토 학파의 체계적 접근방식으로부터 차용했다. 이 개념은 초(超)의사소통(다시 말해 '여기 그리고 지금' 일어나고 있는 것의 분석과 언어 표현)에 기초하고 있다" (Lipiansky, 1996a).

다국적 집단이나 다문화 집단의 구성을 필요로 하지 않는다. 반대로 그것은 유사성을 선호하는 공동체를 바탕으로 이루어진다. 비록 이질성이 본질적 차원이라 하더라도 이 이질성은 연구와 성찰의 조건이 아니다. 상호문화교육은 무엇보다도 자기와 자기 집단에 대한 활동이기 때문이다(Abdallah-Pretceille, 1986).

편견과 고정관념. 고정관념과 편견에 대한 연구는 제2차 세계 대전 말부터 활발히 이루어졌는데, 이에 의하면 집단 간 관계는 인식의 내용에까지 큰 영향을 미친다(Klineberg, 1951; Allport, 1954; Maisonneuve, 1973). 또한 권위적 인성에 관한 분석이나 좌절에 관한 분석은 편견에 대한 투쟁을 죄책감이나 도덕화 수준으로부터 벗어나게 하는 데 크게 기여했다.

최근의 연구들은 이전 연구의 해석방식을 다시 채택했다. 인종주의, 외국인혐오증, 윤리·종교·국가주의의 후퇴 등으로 인한 사회적·정치적 정세의 변화는 오늘날 사람들이 '사회 인식'이라고 부르는 방식을 통한 이 분야의 연구 재개를 충분히 정당화시켰다(Bourhis et Leyens, 1994; Schadron et Yzerbit, 1996).

편견과 고정관념에 대한 연구는 표상에 대한 분석, 범주화 과정과 부여 과정에 대한 분석을 통해 이루어진다. 유감스러운 것은 사회심리학이 교사 양성 과정에 포함되지 않았다는 것이다. 개인 간 그리고 집단 간 관계는 사회화 과정과 학습 과정뿐만 아니라 집단 - 학급 내 행동에서도 매우 중요한 문제인데도 말이다.

개인과 집단의 무의식과 상상 속에 자리 잡은 편견은 안정화, 고민해소, 보상 등의 기능을 수행한다. 그렇지만 편견은 일종의 여과기처럼 작용해 지각과 분석을 흐리게 만들기도 한다. 이 문제와 관련된 연구들을 다 알기는 어렵더라도 교사들을 관련 연구에 대해 아예 무관심해서는 안 된다(Lipiansky, 1996b). 상호문화교육의 목표는 편견과 고정관념을 뿌리 뽑는 것이 아니라 그것들을 알아보는 데 있다. 편견에 대한 투쟁은 학교 간 교류의 목적이 아니다. 반대로 그것은 교류를 성공적으로 수행하기 위한 조건 중 하나다. 이제 "편견을 줄이기 위해서 교류를 확대한다"라는 명제는 뒤집어 생각해야 하고, 교류가 편견을 강화시키지 않도록 편견의 개념과 자기 고유의 편견에 대해서 알아본다는 전제로부터 출발해야 한다. 중요한 것은 자기성찰적·상호주관적 방식을 따르고 대인관계에서의 사회심리적 논리를 이해하는 것이다(Nicklas, 1983; Abdallah-Pretceille, 1996b).

민족중심주의, 중심이동, 감정이입. 자기중심주의에 대한 투쟁은 자연스럽게 민족중심주의에 대한 투쟁으로 이어진다. 현대에는 다양한 관점을 가지고 여러 나라를 돌아다닐 수 있는 능력을 갖추는 것이 필수가 되었기 때문에 만약 이런 능력을 길러주지 못한다면 우리의 사고체계와 교육체계는 뒤떨어질 수밖에 없다.

상호이해의 장애물 중에는 타인의 시각으로 자기를 바라볼 수 있는 능력 부족, 자기와 자기집단을 외부의 시각으로 바라볼 수 있는 능력 부족 등이 있다.

중심탈피능력은 선천적이지 않기 때문에 체계적이고 객관적인 학습이 필요하다. 과학·역사·철학이 중심탈피를 위한 주요 과목들임에는 이론의 여지가 없지만, (초·중등학교와 대학교 교육의 학문적이고 기술적인 표류에서처럼) 그 내용과 방법이 그것을 뒷받침하는 가치로부터 분리되지 않도록 유의해야 한다. 그 목적은 가치들이나 개인적 또는 집단적 참여와 관련해 뿌리 뽑기를 권장하는 데 있지 않다. 그것은 자신의 참조기준을 객관화하고, 그것과 거리를 두고, 그래서 절대적인 상대주의에 빠지지는 않으면서 일련의 지속적인 중심탈피를 거쳐 상대성을 배워나감으로써 다른 관점들이 존재한다는 사실을 받아들이도록 하는 데 있다.

이런 거리두기 학습은 감정이입능력을 향상시킴으로써 가능하다. (교육적 모형에는 빠져 있는 개념인) 감정이입은 자신과 타인을 이해하는 절차(Held et Maucorps, 1971)와 인지적 절차에 해당한다. 감정이입은 정의적 영역에 속하는 공감(sympathie)과는 다르다. 모든 형태의 협상과 적응은 자신을 타인의 자리에 놓을 수 있는 능력, 자신을 다른 관점 속에 던질 수 있는 능력, 연대성의 실행, 인간에 의한 인간의 인정(Gusdorf, 1960) 등을 전제로 한다.

가치교육은 단지 개인적 차원에 머물지 않는다. 가치교육은 객관적이고 객관화할 수 있는 절차에 따라 이루어져야 하며, 인상주의·상대주의·주관주의에서 벗어나야 한다. 과학적 정신을 길러주는 것과 상호문화를 가르치는 것은 동일한 영역에 속한다. 하나 또는 여러 문화를 이해한다는 것은 단편적인 시야를 넘어서는 것임과 동시에 그것을 문화적 특징, 사실의 열거 정도나 의식, 신화, 관례의 수집 정도 등으로 축소하지 않는 것을 의미한다. 또 짜깁기식 지식을 포기하는 것이다. 학교의 역할은 일차적인 경험을 통제할 줄 알게 가르치고 과학적 사고를 신장시키는 것, 즉 주어진 것을 만들어진 것으로 대체해 세세함, 직관, 주관성의 수준을 넘어서도록 하는 것이다.

차이점의 인식은 쉽고 직관적이고 즉각적인 활동이지만, 유사점의 인식은 좀 더 높은 개념화 능력을 요구한다. 그것은 일련의 사실을 모두 파악해 그것으로부터 비슷한 것들을 찾아내는 것이다. 중요한 것은 정의적인 측면에 과도한 가치를 부여함으로써 문화에 대한 고려를 소홀히 하는 것을 경계하면서 객관화의 과정을 밟아가는 것이다. 또한 과학적 절차에 따라 (당연히 문화적 상황을 고려하면서) 문제를 제기하고, 단순한 것이 아니라 복합적인 것을 찾아내는 것을 배우는 일도 중요하다.

제3장

외국의 사례

학교에서 다원성을 다루는 여러 방식을 비교·분석해보면 한 편으로는 이 영역이 서서히 정당화되고 인정받고 있음을 알 수 있고, 다른 한편으로는 이 문제의 중요성과 관련된 모순과 어려 움을 알 수 있다. 비교주의적 관점은 민족성, 소수자, 상호문화와 다문화, 편입, 통합, 동화 등과 같은 보편적인 개념의 사용이나 그 실행의 한계와 적용가능성을 생각해보게 한다. 또한 이 관점 은 연구와 실행의 성과를 잘 보여준다. 이 분야에서 비교교육은 분명히 매우 중요한 역할을 하고 있다.

역사, 정치·경제적 상황, 제도, 기구, 법률 등은 방향 설정의 차이를 설명해줄 수 있는 중요한 요소들이다. 그런데 다문화적 방식과 상호문화적 방식은 단순한 변이의 차원을 넘어서 상당히 다르다. 이 둘 사이의 차이는 앵글로색슨어권과 프랑스어권 사이의 차이와 부분적으로 일치한다. 이와 관련해 여기서 이와 관련된 모든 것을 언급하거나 그 중요성을 길게 논할 생각은 없다. 비판하기보다 정보를 제공한다는 차원에서 독일, 캐나다의 퀘벡주, 그리고 레이(M. Rey)의 연구를 통해 유럽평의회와 오랫동안 협력하고 있는 스위스에 대해 좀 더 자세히 알아볼 것이다.

유럽연합 내에서도 방향 설정은 다양하다. 예를 들어 네덜란드와 스웨덴은 다문화주의 정책을 실시하고 있다. 1970년대부터 네덜란드는 이민자에게 지역 선거에 참여할 수 있는 권리를 부여함으로써 사회적 응집력을 키워 그들 스스로 소수집단을 형성하도록 유도하고 있다. 스웨덴은 1975년 동화 정책을 버리고 복수문화 정책으로 전환했다. 한편, 포르투갈은 1994년 다문화 교육 프로그램 담당국을 창설했다. 벨기에는 1977년 다문화지역 학교교육 담당부(SMM)을 만들었는데, 이는 모든 회원국에게 이민노동자 자녀[1]를 위한 최상의 조건을 마련하라는 유럽연합의 77/486/CEE 지침에 따른 조치였다.

SMM은 벨기에의 프랑스어권부(部) 사무국 산하 국제협력과에 속해 있다. 그 임무는 지난 20년간 변화해왔는데, 일곱 가지

---

1 프랑스는 1975년 이민자자녀학업정보센터인 CEFISEM을 만들었다. 1990년 10월 9일자 공문은 이 센터의 임무와 조직을 규정하고 있다.

주요 사업 중에서 특히 '출신 언어·문화 협력관계', 집시 아동의 학교교육, 다문화학급과 다중매체, 학교 내에서의 다문화 관리는 눈여겨볼 만하다. 학교의 임무를 재정립한 1997년 7월 24일자 법령은 벨기에의 프랑스어권에 있는 다양한 문화공동체들이 상호문화적 협력관계를 강화할 필요성을 강조했다. 또한 (1997년 6월에 만들어져 1997~1998년과 1998~1999년 동안 브뤼셀, 리에주, 몽스에 있는 4개 기관에서 실험해본) 특별교육 과정을 신규 교사 양성 과정에 포함시킬 것도 요구했다. 고등교육장관이 이 특별교육 과정을 수용한다면 이 과정은 아동복지사, 간호사, 초·중등학교 교사와 교육자를 대상으로 하는 연수나 학교장을 대상으로 하는 연수에도 그대로 사용될 수 있을 것이다.

19세기 초반부터 영국은 학교교육 과정에 들어갈 수 있는 인지적·문화적 내용에 대해, 그리고 여러 유형의 교육 대상에 따라 (학교 구성의 형태와 더불어) 내용의 차별화 가능성에 대해 많은 교육적 논쟁을 벌여왔다. 그 결과 '단일주의자'와 '분리주의자'로 입장이 나뉘는데, 전자는 내용은 문화적 전통의 다양성에서 차용하되 동일한 교육 과정을 유지하자고 주장하고, 후자는 극단적 차별주의를 적용하여 별개의 학교조직을 만들자고 주장한다 (Forquin, 1989).

1. 퀘벡 주

캐나다와 퀘벡 주는 계획적이고 선별된 그리고 제도화된 이민 정책을 실시하고 있다. 이민과 문화적 다양성은 캐나다의 국가 정체성을 구성하는 요소이다. 그런데 퀘벡 주는 보다 특수한 상황 속에 놓여 있다. 이민자의 편입이 영어권에 비해 언어적·문화적으로 모호한 상태에서 이루어지고 있는 것이다. 약 20년 전부터 경제력은 영어권에 쏠려 있는 상태에서 프랑스어권은 자신의 언어와 문화를 옹호하고 권장하고 있다. 다수가 둘(즉, 영어권과 프랑스어권)이 존재하는 이런 상황은 문제제기의 용어마저 바꾸어놓았다. 프랑스어를 노동어·교육어·공공생활어로 만들기 위한 많은 법률이 제정되었는데, 이는 교육적 방향 설정에도 영향을 끼쳤다. 예를 들어 (1977년에 채택된 프랑스어 헌장) 법률 101호에 의하면, 퀘벡 주에 거주하는 모든 학생은 프랑스어학교에 일정 기간 의무적으로 다녀야 한다. 이 법률은 소수자들이 영어학교에 다니는 경향을 바꾸어놓으려는 의지를 보여준다. 이민 온 소수 집단은 사회적으로 영어권보다 못한 집단에 통합되는 것을 수용해야 한다. 물론 이 법률은 공립학교의 다원주의적 개념을 수용하고 영어권 학생들을 위한 출신 언어 교육 프로그램(McAndrew, 1993a)을 포함하고 있다. 게다가 교육위원회들은 상호 독립적이며, 신교도계 교육위원회는 범(凡)캐나다적 다문화주의 관점을 채택하고 있다.

퀘벡 주는 다민족 사회 속에서 이민과 통합이 야기하는 문제에 큰 관심을 가지고 있다. 고위 교육자문위원회[2]는 해당 장관에게 많은 의견서를 보내 모든 형태의 문화 존중과 교류의 상호성을 가르치는 교육을 실시하고 이질성에의 개방을 교육 목표로 삼을 것을 요구했다.

학계와 정부의 관심이 밀접하게 연결되어 있는 만큼 상호문화교육은 많은 활동, 연구, 출판의 대상이 되고 있다. 결정권자들은 학자들의 학술 발표에 적극적으로 참여하고 있으며 연구의 결과를 정책에 곧바로 적용하려고 노력하고 있다. 그래서 문제의 변화에 따라 민첩하게 행동하고 개입하고 있다. 비록 늘 그렇듯이, 공적 정책과 현장에서의 실행 사이에는 거리가 있지만 말이다.

대학에서의 상호문화교육. 교사를 대상으로 한 상호문화교육은 그것을 가지고 인증서 수여의 기준으로 삼고자 하는 대학의 결정에 맡겨져 있다. 상호문화교육[3]이라는 주제로 열리는 강의,

---

2 Avis du Conseil supérieur du l'éducation, *L'éducation interculturelle*, 1983; Avis du Conseil supérieur de l'éducation, *Les défis éducatifs de la pluralité*, 1987.

세미나, 연구 등은 이제 더 이상 셀 필요가 없을 정도로 많다.

예를 들어 퀘벡 대학은 '상호문화교육의 철학적 측면'이라는 강의를 개설했는데, 이 강의의 목표 중 하나는 문화 간의 만남이 제기하는 인지적·윤리적·인식론적 문제를 제대로 이해하도록 하는 것이다. '프랑스어교육과 상호문화교육'이라는 강의는 신 (新)퀘벡인의 학습장애에서 언어적 요인의 역할, 문화와 언어의 관계, 문화적·언어적 거리 문제를 분석한다. '학교 내 통합과 상호문화교육'이라는 강의는 프랑스화 학급인 수용교실의 다양한 상황과 정상적인 학급을 살펴보고, 다민족 상황과 관련된 어려움과 역동성, 교실 내 상호문화적 의사소통의 역동성을 살펴보는 것을 목표로 한다. '상호문화교육 속에 잠기기' 세미나는 상호문화적 관계의 다양한 (역사적, 사회적, 언어적, 민족적, 문화적) 측면을 분석하며, 그 고유한 가치와 문화적 결정주의를 파악하고 사회적·경제적·정치적·철학적·종교적 차원에서 다양한 민족 집단의 풍요로움을 이해시키고자 한다.

한편, 서브룩 대학은 상호문화교육 학사 과정 2기를 개설해 다음과 같은 세 가지 목표를 달성하고자 한다. 첫째 목표는 상호

---

3 특히 맥앤드류(M. McAndrew)가 이끈 몬트리올 대학연합 연구센터의
  '이민, 통합, 도시의 역동성: 이민과 대도시들'을 참고할 것.

문화교육의 개념, 이민자의 통합 문제, 민족문화적 복합주의에 대한 비판적 개념의 틀을 만드는 것이고, 둘째 목표는 이 개념의 틀을 외국 문화전통의 이해에 그리고 문화적 '공동체'와 이민자들의 이민 경로 연구에 적용하는 것이고, 셋째 목표는 이 개념 틀과 외국 문화전통의 이해 및 경험을 독창적인 교육적 실행에 적용하는 것이다.

숨겨진 교육 과정. 이 과정의 목표는 교육 종사자에게 학교와 교실에서의 활동이 사회적·문화적 위계질서와 관련되어 있다는 사실을 이해시키는 것이다. (암시적 교육 과정인) 숨겨진 교육 과정은 사회와 학교의 여러 관계자가 암묵적으로 전달하는 행동·가치·신앙 일체를 말하는데, 이것은 교과목을 통한 명시적 교육 과정과 일치하지 않을 수 있고 심한 경우에는 학습 자체에 지장을 줄 수도 있다. 언어적이든 아니든 숨겨진 교육 과정은 평가, (다양한 대상에 따른) 교사의 기대, 차별 처리의 방식, 언어적 태도, 활동방법 등 모든 학교생활 속에 스며들어 있다. 이 교육 과정은 상호문화교육을 확산하려는 당국의 정책과 교실 내 현실 사이의 괴리를 잘 보여준다.

규범의 갈등과 합리적인 조정. 종교적·문화적 소수자의 요구를 조정하는 문제는 매우 빠르게 대두되었다. 이에 따라 직장생활을 하거나 어떤 결정을 내릴 때 규범 간의 갈등을 어떻게 해소할 것인가에 관한 연구들이 이어졌다(McAndrew et Jacquet, 1992).

사람들은 다원주의의 한계와 아울러 수용사회의 가치협상의 타당성에 대해 관심을 보였다. 합리적인 조정의 의무는 법적 문제뿐만 아니라 무엇보다 먼저 상식의 규범과 자발적 시민연대성으로 여겨지는데,[4] 여기에서의 '조정'은 일상생활의 긴장을 줄이는 데 도움이 된다. 이런 의무는 법체계보다도 훨씬 더 넓은 맥락 속에 적용된다. 왜냐하면 법체계는 이민자와 수용사회를 모두 구속하는 책임과 자유, 권리와 의무 또는 책무의 상호성을 확인하는 '통합의 도덕적 계약'에 근거하기 때문이다. 불일치의 주요 쟁점은 아동의 자율성, 규율의 역할, 남녀의 지위, 종교의 위치 등이다. 퀘벡 담당부는 안내서를 통해 학교장의 결정에 도움을 주고 있다(McAndrew, 1993b). 이 문제는 꽤 복잡한데, 조정이 교사들에게 종종 통합의 장애물처럼 여겨지기 때문이다. 이제 윤리적 문제가 이 문제의 중심에 자리 잡고 있다.

공통의 공공문화. 1990년대부터 (민족 간의 관계 악화라는) 사회적 압력, (개인과 소속 집단 사이의 점점 복합적이고 모호한 관계라는)

---

4 Avis du Conseil des communautés culturelles et de l'immigration, *La gestion des conflits de normes par les organisations dans le contexte pluraliste de la société québécoise*, juillet 1993.

크나큰 변화, 상호문화 연구의 다학문적인 관점의 확산 등으로 인해 상호문화교육은 문화보다 개인에 더 큰 비중을 두고 있다. 이제 목표는 차이가 아니라 다양성이다. 퀘벡 주의 방향 설정은 학자들이 처음에 구상했던 프랑스의 방향 설정과 어느 정도 일치한다. 상호문화교육은 다민족 환경에서 함께 살아가고 활동할 수 있는 능력을 개발하고자 한다. 접근방식은 죄의식을 덜 가지도록 세심하게 배려하지만 태도의 변화나 지식의 전달에는 큰 비중을 두지 않는다.

공통의 공공문화라는 개념은 어느 한 장관[5]의 성명에서 나왔다. 이 여성장관은 모든 시민을 하나로 묶을 수 있는 공통의 틀을 만들기 원했다. "퀘벡 주로 이민 온 사람들은 역사, 공용어, 가치, 법률, 제도, 요컨대 각 세대가 전승하고 발전시켜 다시 전수해주어야 하는 문화유산을 가진 기성 사회에서 함께 살아가야 한다." 이 장관은, 조정은 규범이 아니라 예외이고 임의적인 것이고, 의무의 상대적 그리고 상호적인 특성과 관련이 있음을 분명히 함으로써 조정에 속하는 것이 무엇인지를 상기시켰다.

---

5 "La culture publique commune: facteur d'intégration et non d'exclusion" 은 1993년 10월 13일 문화공동체 및 이민부 장관이었던 가뇽 - 트랑블레(M. Gagnon-Tremblay)가 발표한 성명이다.

상호문화교육은 공통의 공공문화를 전수하고자 하는 의지와 관련된 시민성교육과 점점 더 긴밀히 연결되고 있다. 파쉐(M. Pagé)에 따르면, 공통의 공공문화는 "두 가지의 의미에서 단순히 구별 짓는 문화들을 초월한다. 먼저, 그 내용은 어느 특정문화를 명확하게 보여주는 내용이 아니다. 왜냐하면 그 내용은 역사상 현대 민주주의와 서양문명을 만들어낸 국민이 모두 협력해서 만든 결과이기 때문이다. 다음으로, 이 공통의 공공문화는 여러 민족 집단 구성원들의 관계를 정의와 평등에 기초하여 해결하고자 하는 원칙, 규범, 규칙을 제시한다는 의미에서 특정문화를 초월한다"(Pagé, 1996).

상호문화교육은 이처럼 서서히 민족공동체의 문제로부터 덜 불평등한 사회적·교육적 활동 개념으로 옮겨가면서 사회적 계약 차원의 균형 잡힌 관계를 강조한다. 고위 교육자문회의의 한 의견서[6]는 이런 정책상 변화를 다음과 같이 설명하고 있다. "정부의 정책에서 구상된 통합의 관점은 수용사회가 순전히 동화주의적 목표를 참조하려는 모든 시도를 배제하지만 사회계약, 집단의 기본가치, 사회규칙을 결정하는 데 수용사회가 주도적 역할

---

6 "Pour un accueil et une intégration réussis des élèves et des communautés culturelles."

을 할 수 있다는 사실을 부정하려는 그 어떤 시도도 거부한다."

민족성에서 시민성으로. 퀘벡 주에서 상호문화교육을 탄생시킨 다문화주의의 색채는 시민성을 강조하기 위해 서서히 흐려지고 있다. 이런 사실은 1997년 11월 교육·가족·아동부 장관이 내놓은 사업[7]에서도 잘 드러난다. 이 사업은 퀘벡 주로 새로 들어온 학생의 학교생활을 해당 학교가 책임지도록 하고 있다. 이것은 일종의 교육개혁으로 사립, 공립, 영어권, 프랑스어권을 막론하고 모든 학생에게 적용된다. 이 사업은 퀘벡 시민성의 주(週)를 계기로 선포되었다. 목적은 모든 학생이 자신의 민족적·종교적·언어적 출신과는 상관없이 퀘벡 시민성을 구현할 준비를 해야 한다는 것을 강조하는 데 있었다. 이 사업은 세 가지의 대원칙을 내세웠는데, 기회균등의 확산, 공공생활의 공용어로서 프랑스어 사용, 다원주의적 맥락 속에서 민주주의적 시민성교육이었다. 여기서는 퀘벡 사회의 다양성과 이 다양성에 기초할 필요성과 더불어 퀘벡의 현실 인식과 공동의 가치를 공유할 필요성을 강조했다. 따라서 퀘벡의 상호문화교육은 시민성교육 속에 통합되었다. 시민관계·이민담당부(MRCI)도 이 사업을 지지하고 있다.

---

7 (교육·가족·아동부 장관) Pauline Marois, "Une école d'avenir. Intégration et éducation interculturelle," 1997.

2. 스위스

스위스의 교육은 연방이 아니라 주(canton) 차원의 문제다. 상호문화와 관련된 교육과 연수의 목표를 설정하고 실행하는 데 주마다 차이가 나는 것은 바로 이런 이유 때문이다. 1970년부터 주네브 주는 본래 (이민자녀를 위한 프랑스의 입문교실에 해당하는) 수용교실과 관련된 상호문화적 연구와 실행에 특별한 관심을 보였다. 레이가 이끄는 주네브 공교육담당국 내 '이민 수용·교육'과는 유럽평의회와 지속적인 협력하면서 주도적 역할을 수행했다. 이 두 기관은 완벽한 상생작용[8]의 효과를 보여주었다.

스위스의 방향 설정과 논쟁은 프랑스와 비슷했고 제도적 저항도 흡사했다. 이에 대해 레이는 연구와 활동의 발의, 진행 과정, 분석의 개선이 근본적으로 유럽평의회가 만든 유럽 조직망에 의해 이루어졌기 때문이라고 평가했다. 그 영역은 점차 확대되었고 대학도 합세했다. 예를 들어 [다젠(P. Dasen)이 주도한) '교육에서의 상호문화적 접근방식'이라는 강의 개설, 레치스키(J. Retschitzky)가 이끈] 프리부르 대학 심리연구소, 취리히 주 공교육국 내 외국

---

8 레이(M. Rey)는 1977~1983년 교사 양성을 위한 유럽평의회 전문가 협회 회장이었다.

인교육담당과, [알레만 - 기온다(C. Allemann-Ghionda)가 이끈] 스위스 교육학회 소속 상호문화교육연구회, 뇌샤텔 대학의 '다문화 상황 속에서 배우기' 강의나 주네브 대학 박사 과정인 '상호문화 교육의 함정 그리고 도전'과 같이 교육학과와 심리학과가 개설한 (사람에 따라 상호문화심리학 또는 문화심리학이라고 부르는) 교육 과정 등이 있다. 어쨌든 이 영역은 서서히 자리 잡아 가고 제도적으로도 정당성을 확보해가고 있다.

교사들뿐만 아니라 교육심리학자들도 이 문제에 큰 관심을 보였다. 심리학자들은 아동의 언어적·문화적 능력이 참조사회의 아동들과 다른 경우에는 실행 중인 지식 평가의 기준과 형태, 그리고 이 평가가 다루는 영역이 적설치 않을 수 있다고 보고 레이의 주도하에 상호문화교육을 위한 연구실행 모임까지 만들었다 (Rey, 1993). 또한 심리학자들은 그들의 진단이나 심리치료 방법이 과연 타당한 것인가에 대해서도 자문해보게 되었다.

오늘날 이러한 방향 설정은 계속 유지되고 있다. 이와 관련해 최근에 나온 책[9]의 저자들에 따르면, 스위스는 상호문화교육에 관한 한 부분적으로 '교육 정책'의 단계에 접어들었다.

---

9 E. Poglia et al.(sous la dir.), *Pluralité culturelle et éducation en Suisse*, Peter Lang, 1995.

3. 독일

스위스의 주와 마찬가지로 독일의 주(länder)도 교육적 자율성을 가지고 있다. 그렇지만 몇 가지 특이한 경향은 찾아볼 수 있다. 상호문화교육은 1970년대 말 실시한 '외국인교육', (국제교육, 교류교육 등) 국제화와 관련된 교육, '열린 학교'라는 세 가지 차원에서 이루어지는데, 이 세 차원은 늘 일치하지는 않는다. 예를 들어 '열린 학교'는 앞선 두 차원처럼 체제 자체는 그대로 두고 몇몇 보완책만 추가하는 것이 아니라 학교를 진정한 변화의 흐름 속에 놓겠다는 의지라고 보아야 한다.

이미 언급된 모든 한계에도 불구하고 이민자의 통합을 위한 교육이 구상된 것은 무엇보다도 언어 문제와 사회화 문제를 해결하기 위함이었다. 이 분야 전문가들은 이런 교육을 모든 학생에게 실시할 것을 주장하는데, 그들이 민족·언어·문화가 다른 사회에서 살아갈 준비를 해야 하기 때문이다(Krüger-Potratz, 1995). 그래서 이 분야의 연구와 프로그램은 유럽교육과 국제교육에 큰 비중을 두고 있다.

이런 매우 명확한 방향 설정은 제2차 세계대전이라는 역사적 경험과 유럽건설로 잘 설명될 수 있다. 그런데 이민자녀의 학교생활 문제에 관한 진지한 토론은 거의 없다. 이와는 반대로 다수

를 대상으로 하는 교류교육에 관련된 연구와 활동은 매우 활발
하다. 참고로, 교류교육을 제외한 나머지 프로그램은 순전히 이
민자만을 대상으로 하는 프로그램이다.

1951년에 만들어진 독일 국제교육연구소(DIPF)는 다른 학문
과의 협력하에 그간의 경험을 바탕으로 국제비교연구를 수행하
고 있다. 학제 간 연구는 연구의 성격상 매우 중요한 요소이다.
교류에 관한 연구를 본격적으로 시작한 것은 1960년부터였는데,
여기에는 '국제문제에 대한 사회학적 연구 모임(SSIP)'과 '교류
에 관한 연구'에 전념하는 모임들의 역할이 매우 컸다. 교류는
노동자의 이민, 망명자와 피난자의 수용, 관광, 제3세계로의 전
문가 및 자원봉사자 파견 등을 포함하는 포괄적인 개념이었다.

토마(A. Thomas)는 독일과 프랑스를 비교한 후 상호문화 영역
에서 강조하는 점이 다르다는 점을 지적했다. 그에 따르면 프랑
스가 해석적·상징적·상호작용적·민족지학적 접근방식을 선호한
다면, 독일은 전통적으로 앵글로색슨계의 낙관주의적·연역적·
행동적 방향 설정을 선호한다(Abdallah-Pretceille et Thomas, 1995).

한편, 교사를 대상으로 하는 상호문화교육은 별로 활발한 편
이 아니다. 그것을 실행하는 경우에는 주로 유럽연합 내에서의
인적 이동, 국내 소수자와 이민 소수자를 접근시키기, 교육을 다
양한 국적과 문화를 가진 학생들에게 맞추기라는 세 가지 차원

에서 이루어지고 있다.

요컨대 각국의 방향 설정이 무엇이든 간에 최근의 연구와 논의는 다차원성과 통합 과정의 변화를 최대한 고려하고 있다. 또한 문제를 순전히 이민자로만 한정하지 않고 공공생활로 확산시키고 사람들 간의 상호적응을 고려함으로써 좀 더 수평적이고 좀 덜 수직적인 방향 설정을 모색하는 쪽으로 변화하고 있다.

Abdallah-Pretceille, M. 1985. "Différence, diversité et pédagogie interculturelle." in *Les Amis de Sèvres*, numéro spécial sur la pédagogie différenciée, n°1, mars.

_____. 1986. "Approche interculturelle de l'enseignement des civilisations." in *La civilisation*. Paris: Clé international.

_____. 1988a. "Quelques points d'appui pour une formation des enseignants dans une perspective interculturelle." in sous la dir. de F. Ouellet. *Pluralisme et école. Jalons pour une approche critique de la formation interculturelle des éducateurs*. Québec: Institut québécois de recherche sur la culture.

_____. 1988b. *Les politiques multiculturelles et leurs conséquences sur la formation des enseignants*. Rapport OCDE/CERI.

_____. 1989a. "L'école face au défi pluraliste." in sous la dir. de C. Camilleri et M. Cohen-Emerique. *Chocs de cultures: concepts et enjeux pratiques de l'interculturel*. Paris: L'Harmattan.

_____. 1989b. "L'immigration entre la recherche et la praxie." in *L'immigration à l'Université et dans la recherche*. Paris: Ch. Bourgois.

_____. 1990. "Culture(s) et pédagogie(s)." in *Le français dans le monde, Recherches et applications*, août-septembre. Paris: Hachette.

_____. 1991. "Langue et identité culturelle." in *Enfance*, n°4. Paris: PUF.

_____. 1992a. "Immigration, ghettoization and educational opportuny." in sous la dir. de J. Lynch et al. *Equity or excellence? Education and cultural reproduction*. Londres: The Falmer Press.

_____. 1992b. *Quelle école pour quelle intégration?* Paris: CNDP/ Hachette.

_____. 1995a. "L'éducation interculturelle en France, du devant de la scène aux coulisses." in *Migrants-Formation*, n°102, septembre. Paris: CNDP.

_____. 1995b. "Pluralité culturelle, accompagnement et éthique." in *Accompagner, Vous avez dit déontologie?* Metz: Acte colloque du MAIS.

_____. 1996a. "Compétence culturelle, compétence interculturelle. Pour une anthropologie de la communication." in *Le Français dans le monde, Recherches et applications*, janvier. Paris: Hachette.

_____. 1996b, *Vers une pédagogie interculturelle*. 3ᵉ éd. Paris: Anthropos (1ʳᵉ éd. 1986)

_____. 1996c. "Laïcité entre intégration et intégrismes." in *L'école: diversités et cohérence*. Paris: Nathan.

_____. et A. Thomas (sous la dir.). 1995. *Relations et apprentissages interculturels*. Paris: A. Colin.

_____. et L. Porcher. 1996. *Éducation et communication interculturelle.* Paris: PUF.

_____. et L. Porcher. 1998. *Éthique de la diversité et éducation.* Paris: PUF.

_____. et L. Porcher (sous la dir.). 1999. *Les diagonales de la communication interculturelle.* Paris: Anthropos.

Abou, S. 1981. *L'identité culturelle. Relations interethniques et problèmes d'acculturation.* Paris: Anthropos.

Affichard, J. et J. B. Foucauld (sous la dir.). 1995. *Pluralisme et équité. La justice sociale dans les démocraties.* Paris: Éd. Esprit.

Allport, G. 1954. *The Nature of Prejudice.* Cambridge: Addison Wesley.

Amati-Melher, J., S. Argentieri, J. Canestri. 1994. *La babel de l'inconscient. Langue maternelle, langues étrangères et psychanalyse.* Paris: PUF.

Amselle J. L. 1996. *Vers un multiculturalisme française: l'empire de la coutume.* Paris: Aubier.

Apel, K. O. 1996. *Discussion et responsabilité.* Paris: Cerf (éd. orig. 1986).

Apfelbaum, E. 1976. *Relations de domination et mouvements de libération. Le pouvoir entre les groupes.* document mult. Nice: IDERIC.

Arendt, H. 1972. *La crise de la culture.* Paris: Gallimard (éd. orig. 1954).

Audigier, F. 1987. *Éducation aux Droits de l'homme, Rapport de recherche.* Paris: INRP.

_____. 1992. *Enseigner la société, transmettre les valeurs. L'initiation civique dans l'éducation civique.* Strasbourg: Conseil de l'Europe.

Auerbach S. (sous la dir.). 1994, *Encyclopedia of Multiculturalism* (6 vol.). New York: Marshalle Cavendish.

Augé, M. 1992. *Non-lieux. Introduction à une anthropologie de la surmodernité*. Paris: Seuil.

_____. 1994a. *Le sens des autres, Actualités de l'anthropologie*. Paris: Fayard.

_____. 1994b. *Pour une anthropologie des mondes contemporains*. Paris: Aubier.

Balandier, G. 1974. *Anthropologiques*. Paris: Librairie générale française.

_____. 1985. *Anthropologiques*. Paris: Librairie générale française.

_____. 1986. *Sens et puissance*. Paris: PUF.

Banks, James A. 1993. *Multiethnic Education: Theory and Practice* (3ᵉ éd.). Boston: Allyn & Bacon.

_____(sous la dir.). 1997. *Teaching Strategies for Ethnic Studies* (6ᵉ éd.). Boston: Allyn & Bacon.

_____, A. Cherry, McGee Banks (sous la dir.). 1997. *Multicultural Education: Issues and Perspectives* (3ᵉ éd.). Boston: Allyn & Bacon.

Bastide, R. 1971. *Anthropologie appliquée*. Paris: Payot.

_____. 1972. *Le rêve, la transe et la folie*. Paris: Flammarion.

Bateson, G. *et al*. 1981. *La nouvelle communication*. Paris: Le Seuil.

Baumgratz-Gangl, G. 1992. *Compétences transculturelle et échanges éducatifs*. Paris: Hachette.

Becker, H. S. 1985. *Outsiders, Étude de sociologie de la déviance*. Paris: Éd. A.-M. Métaillié (éd. orig. 1963).

Berque, J. 1985. *Éduquer les enfants de l'immigration*. Paris: La Documentation française.

Berthier, P. 1996. *L'ethnographie de l'école*. Paris: Economica.

Birzea, C. 1993. *Stratégies pour une éducation civique dans une perspective interculturelle*. Strasbourg: Conseil de l'Europe.

Boudon, R. 1979. *Effets pervers et ordre social*. Paris: PUF.

_____. 1984. *La place du désordre*. Paris: PUF.

_____. 1986. *L'idéologie. L'origine des idées reçues*. Paris: Fayard.

_____. 1995. *Le juste et le vrai. Études sur l'objectivité des valeurs et de la connaissance*. Paris: Fayard.

Bourdieu, P. 1979. *La distinction, critique sociale du jugement*. Paris: Éd. de Minuit.

_____. 1982. *Ce que parler veut dire. L'économie des échanges linguistiques*. Paris: Fayard.

Bourhis, R. et J. P. Leyens (sous la dir.). 1994. *Stéréotypes, discrimination et relations intergroupes*. Bruxelles: Mardaga.

Bril, B. et H. Lehalle. 1988. *Le développement psychologique est-il universel? Approches interculturelles*. Paris.

Byram, M. 1992. *Culture et éducation en langue étrangère*. Paris: Hatier (é d. orig. 1989).

Byram, M. 1992. *Culture et éducation en langue étrangère*. Paris: Hatier/Didier.

Cain, A. (sous la dir.). 1995. *Stéréotypes culturels et apprentissages des langues*. Paris: Commission française pour l'Unesco.

Camilleri, C. 1975. "Seuil de tolérance et perception de la différence." *Sociologie du Sud-Est*, n°5/6, octobre.

_____. 1979. "De quelques dysfonctions de la famille maghrébine contemporaine." *Annales de Vaucresson*, numéro spécial.

_____. 1982. "Contacts de cultures et dysfonctionnements culturels." *Les Amis de Sèvres*, n°4.

_____. 1985. *Anthropologie culturelle et éducation*. Lausanne: Unesco, Delachaux & Niéstlé.

_____(sous la dir.). 1995. *Différences et cultures en Europe*, Strasbourg: Les Éditions du Conseil de l'Europe.

_____. et al. 1990. *Stratégies identitaires*. Paris: PUF.

_____. et G. Vinsonneau. 1996. *Psychologie et culture: concepts et méthodes*, Paris: A. Colin.

Cazemajou, J. et I. P. Martin. 1983. *La crise du melting-pot. Ethnicité et identité aux États-Unis de Kennedy à Reagan*. Paris: Aubier Montaigne.

Clanet, CL. 1990. *L'interculturel. Introduction aux approches interculturelles en éducation et en sciences humaines*. Toulouse: Presses Universitaires du Mirail.

Colin, L. et B. Muller (sous la dir.). 1996. *La pédagogie des rencontres interculturelles*. Paris: Anthropos.

Colles, L. 1994, *Littérature comparée et reconnaissance interculturelle*. Bruxelles: De Boeck/Duculot.

Costa-Lascoux, J. 1989. "De l'immigré au citoyen, Paris, Notes et études documentaires." *La Documentation française*, n°4886.

Coulon, A. 1993. *Ethnométhodologie et éducation*. Paris: PUF.

CRESAS. 1978. *Le handicap socioculturel en question*. Paris: ESF.

Crozier, M. et E. Friedberg. 1977. *L'acteur et le système*. Paris: Seuil.

Dadsi, D. 1995. *Particularismes et universalisme: la problématique des identités*. Strasbourg: Conseil de l'Europe.

de Certeau, M. 1969. *L'étranger ou l'union dans la différence*. Paris: Desclée de Brouwer.

_____. 1974. "L'opération historique." in sous la dir. de J. Le Goff et de P. Nora. *Faire de l'histoire. Nouveaux problèmes*. t.1. Paris: Gallimard.

_____. 1975a. "L'opération historique." in *Faire l'histoire*. Paris: Gallimard.

_____. 1975b. "L'opération historique." in *Faire l'histoire*. Paris: Gallimard.

de Rudder, V. 1987. "La différence et la distance." in *L'immigration en France. Le choc des cultures*, n°51. L'arbresle: Dossiers du Centre Thomas-More.

de Salins, G. D. 1992. *Une introduction à l'ethnographie de la communication. Pour la formation à l'enseignement du français langue étrangère*. Paris: Didier.

Delors, J. 1996. *Rapport à l'Unesco de la Commission internationale pour l'éducation du XXIᵉ siècle*. Paris: O. Jacob.

Demorgon, J. 1989. *L'exploration interculturelle. Pour une pédagogie interna-*

tionale. Paris: A. Colin.

_____. 1996. *Complexité des cultures et de l'interculturel*. Paris: Anthropos.

Devereux, G. 1972a. "L'identité ethnique, ses bases logiques et ses dysfonctions." in *Ethnopsychanalyse complémentariste*. Paris: Flammarion (texte orig. 1970).

_____. 1972b. "Deux types de modèles de personnalité modale." in *Ethnopsychanalyse complémentariste*. Paris: Flammarion.

_____. 1972c. *Ethnopsychanalyse complémentariste*. Paris: Flammarion (recueil d'articles publiés entre 1943 et 1966).

_____. 1972d. *Acculturation antagoniste, Ethnopsychanalyse complémentariste*. Paris: Flammarion (texte orig. 1943).

_____. 1977. *Essais d'ethnopsychiatrie générale*. Paris: Gallimard (éd. orig. 1967).

Diebie, P. et C. Wulf (sous la dir.). 1998. *Ethnosociologie des échanges interculturels*. Paris: Anthropos.

Dinello, R. et A. N. Perret-Clermont (sous la dir.). 1987. *Psychopédagogie interculturelle*. Suisse: Del Val.

Dufrenne, M. 1953. *La personnalité de base*. Paris: PUF.

Durand, G. 1980. *L'âme tigrée. Les pluriels de psyché*. Paris: Denoël-Gonthier.

Duvignaud, J. 1966. *Introduction à la sociologie*. Paris: Gallimard.

Erny, P. 1981. *Ethnologie de l'éducation*. Paris: PUF.

Espagne, M. 1994. "Les limites du comparatisme en histoire culturelle." in *Genèse*, n°17, septembre.

Esses, V. M. et R. C. Gardner. 1996. "Le multiculturalisme au Canada: contexte et état actuel." in *Canadian Journal of Behavioural Science*, vol.28, n°3, juillet.

Forquin, J. C. 1982. "L'approche sociologique de la réussite et de l'échec scolaire." in *Revue française de pédagogie*, n°60, juillet-septembre.

_____. 1989. *École et culture. Le point de vue des sociologues britanniques*. Bruxelles: De Boeck.

Foucault, M. 1969. *L'archéologie du savoir*. Paris: Gallimard.

_____. 1971. *L'ordre du discours*. Paris: Gallimard.

Gallissot, R. 1993. *Pluralisme culturel en Europe: cultures européennes et cultures des diasporas*. Paris: L'Harmattan.

Gaudet, E. et C. Lafortune. 1997. *Pour une pédagogie interculturelle. Des stratégies d'enseignement*. Québec: ERPI.

Giust-Desprairies, F. et B. Muller (sous la dir.). 1997. *Se former dans un contexte de rencontres interculturelles*. Paris: Anthropos.

Glazer, N. 1987. "Les différences culturelles et l'égalité des résultats scolaires." in *L'éducation multiculturelle*, Paris: OCDE.

_____. and D. P. Moynihan. 1963. *Beyond the Melting Pot*. MIT Press.

Glissant, E. 1993. Conférence inaugurale du Carrefour des littératures européennes, le 4 novembre.

Goffman, E. 1973. *La mise en scène de la vie quotidienne*. Paris: Éd. de Minuit (éd. orig. 1956).

_____. 1974. *Les rites d'interaction*. Paris: Éd. de Minuit (éd. orig.

1967).

_____. 1975. *Stigmates. Les usages sociaux des handicaps*. Paris: Éd. de Minuit (éd. orig. 1963).

Gordon, M. H. 1964. *Assimilation in American Life*. Oxford University Press.

Goudaillier, J. P. 1997. "Pratiques langagières identitaires des cités contemporaines." in sous la dir. de G. Langouët. *L'état de l'enfance en France*. Paris: Hachette.

Groux, D. et L. Porcher. 1997. *L'éducation comparée*. Paris: Nathan.

Guillaumin, C. 1972. *L'idéologie raciste. Genèse et langage actuel*. Paris: La Haye-Mouton.

Gundara, J. 1991. *Intercultural Education*. Londres: Kogan Page.

Gusdorf, G. 1960. *Introduction aux sciences humaines*. Paris: Éd. Les Belles Lettres.

Habermas, J. 1986. *Morale et communication*. Paris: Cerf (éd. orig. 1983).

Hall, E. T. 1971. *La dimension cachée*. Paris: Seuil (éd. orig. 1966).

_____. 1979. *Au-delà de la culture*. Paris: Seuil (éd. orig. 1976).

_____. 1981. "Entretien avec M. Davis." in *La nouvelle commuinication*. Paris: Seuil.

_____. et M. R. Hall. 1994. *Comprendre les Japonais*. Paris: Seuil (éd. orig. 1987).

Held, J. F. et P. H. Maucorps. 1971. *Je et les autres. Essai sur l'empathie quotidienne*. Paris: Payot.

Hollinger, D. A. 1995. *Postethnic america. Beyond multiculturalism*. New

York: Basic Book.

Horton, J. (sous la dir.). 1993. *Liberalism, Multiculturalism and Toleration*. Macmillan Press.

Jahoda, G. 1989. *Psychologie et anthropologie*. Paris: A. Colin.

Jullien, F. 1989. *Procès ou création. Une introduction à la pensée chinoise. Essai de problématique interculturelle*. Paris: Seuil.

Kaës, R. et A. Eiguer (sous la dir.). 1998. *Différence culturelle et souffrances de l'identité*. Paris: Dunod.

Klineberg, O. 1951. *États de tension et compréhension internationale*. Paris: Medicis.

Krüger-Potratz, M. 1995. "L'éducation interculturelle. Une vue critique sur la problématique allemande." in *Relations et apprentissages interculturels*. Paris: A. Colin.

Lê Thành Khôi. 1991. *L'éducation: cultures et sociétés*. Paris: Publications de la Sorbonne.

_____. 1995. *Éducation et civilisations*. Unesco-BIE, Nathan.

Lévi-Strauss, Cl. 1964. *Mythologiques. Le cru et le cuit*. Paris: Plon.

_____. 1975. "Anthropologie." in *Diogène*, n°90.

_____. 1977. *L'identité*. Paris: Grasset.

Lacorne, D. 1997. *La crise de l'identité américaine: du melting-pot au multiculturalisme*. Paris: Fayard.

Ladmiral, J. R. et E. M. Lipiansky. 1989. *La communication interculturelle*. Paris: A. Colin.

Landercy, A. et R. Renard. 1996. *Aménagement linguistique et pédagogie interculturelle*. Paris: Didier-Érudition.

Laplantine, F. 1974. *50 mots clé de l'anthropologie*. Toulouse: Privat.

Lebeau, Ch. 1988. "La compréhension interculturelle: définition opérationnelle et pertinence pour la formation des éducateurs." in *Pluralisme et école*. Québec: IQRC.

Leca, J. 1986. "Construction du concept de citoyenneté." in sous la dir. de P. Birbaum et J. Leca. *Sur l'individualisme*. Paris: Fondation nationale des sciences politiques.

Levinas, E. 1982. *Éthique et infini*. Paris: Fayard.

Linton, R. 1968. *De l'homme*. Paris: Éd. de Minuit (éd. orig. 1935).

Lipiansky, E. M. 1996a. "La formation interculturelle consiste-t-elle à combattre les stéréotypes et les préjugés?" *Texte de travail de l'OFAJ*, n°14.

_____. 1996b. *Bilan des recherches sur les stéréotypes et les préjugés*. OFAJ.

Lonstreet, W. S. 1978. *Aspects of Ethnicity: Understanding Difference in Pluralistic Classrooms*. New York: Colombia University Teacher College Press.

Lynch, J. 1986. *Multicultural Education, Principles and Practice*. Londres: Routledge.

_____, C. Modgil, S. Modgil (sous la dir.). 1992. *Cultural Diversity and the Schools*, 3 vol. Londres: The Falmer Press.

Maffesoli, M. 1985. *La connaissance ordinaire. Précis de sociologie compréhensive*. Paris: Librairie des Méridiens.

Maisonneuve, J. 1973. "Opinions et stéréotypes." in *Introduction à la psychosociologie*. Paris: PUF.

Martiniello, M. 1995. "L'ethnicité dans les sciences sociales contemporaines," *Que sais-je?* n°2997. Paris: PUF.

McAndrew, M. 1993a. *L'intégration des élèves des minorités ethniques quinze ans après l'adoption de la loi 101 (*non publié).

_____. 1993b. *La prise de décision relative aux accommodements en milieu scolaire: un guide praticque à l'intenetion des directions d'école (*non publié).

_____. et M. Jacquet. 1992. *La gestion des conflits de valeurs et la recherche d'accomodements et de stratégies de cheminement à l'école québécoise.* MEQ doc. (non publié).

_____, F. Gagnon, M. Pagé. 1996. *Pluralisme, citoyenneté et éducation.* Montréal: L'Harmattan.

Mead, G. 1963. *L'esprit, le soi et la société.* Paris: PUF (éd. orig. 1934).

Miguelez, R. 1977. *La comparaison interculturelle. Logique et méthodologie d'un usage empiriste de la comparaison.* Presses de l'Université de Montréal.

Milza, O. 1988. *Les Français devant l'immigration.* Bruxelles: Éd. Complexe.

Moro, M. R. 1994. *Parents en exil. Psychopathologie et migrations.* Paris: PUF.

Nicklas, H. 1983. "Du quotidien des préjugés et de l'apprentissage interculturel." in *Apprentissage internationaux et interculturels.* OFAJ.

Noiriel, G. 1988. *Le creuset français*. Paris: Seuil.

Northrop, F. S. C. 1946. *The Meeting of East and West*. New York: Macmillan.

Ouellet, F. 1991. *L'éducation interculturelle: essai sur le contenu de la formation des maîtres*. Paris: L'Harmattan.

_____(sous la dir.). 1988. *Pluralisme et école*. Québec: IQRC.

Pagé, M. 1993. *Courants d'idée actuels dans l'éducation des clientèles scolaires pluri-ethniques*. Montréal: Conseil supérieur de l'éducation, coll. 'Études et recherches'.

_____. 1996. "Citoyenneté et pluralisme des valeurs." in sous la dir. de F. Gagnon et al. *Pluralisme, citoyenneté et éducation*. Paris/Montréal: L'Harmattan.

Paquette, D. 1996. *L'interculturel: de la psychosociologie à la psychologie clinique*. Paris: L'Harmattan.

Perregaux, Ch. 1994. *Odyssea. Accueils et approches interculturelles*. Neuchâtel: Éd. Corome.

Poglia, E. *et al*. 1995. *Pluralité culturelle et éducation en Suisse*. Bern: Peter Lang.

Porcher, L. 1981. *L'éducation des travailleurs migrants en Europe. L'interculturalisme et la formation des enseignants*. Strasbourg: Conseil de l'Europe.

_____. 1988. in *Études de linguistique appliquée*, n°69.

_____. 1994. *Télévision, éducation et culture*. Paris: A. Colin.

_____(sous la dir.). 1986. *La civilisation*. Paris: Clé International.

Rabain, J. 1979. *L'enfant du lignage*. Paris: Payot.

Rawls, J. 1987. *Théorie de la justice*. Paris: Seuil (éd. orig. 1971).

Redfield, R., R. Linton & M. J. Herskovits, 1936. in *American Anthropologist*.

Reuchlin, M. (sous la dir.). 1976. *Cultures et conduites*. Paris: PUF.

_____(sous la dir.). 1990. *Cognition, l'individuel et l'universel*. Paris: PUF.

Rey, M. 1983. *Recueils d'informations sur les opérations d'éducation interculturelle en Europe*. Strasbourg: Conseil de l'Europe.

_____. 1992. *Former les enseignants à l'éducation interculturelle?* Strasbourg: Conseil de l'Europe.

_____. 1997. *Identités culturelles et interculturalité en Europe*. Genève: Centre européen de la culture/Actes Sud.

_____(sous la dir.). 1993. *Psychologie clinique et interrogations culturelles*. Paris: L'Harmattan/CIEMI.

Ricoeur, P. 1990. *Soi-même comme un autre*. Paris: Seuil.

Rockfeller, S. C. 1994. "Commentaire du texte de Ch. Taylor: 'La politique de reconnaissance'." in *Multiculturalisme. Différence et démocratie*. Paris: Aubier (éd. orig. 1992).

Roheim, G. 1967. *Psychanalyse et anthropologie*. Paris: Gallimard (éd. orig. 1950).

Rorty, R. 1994. *Objectivisme, relativisme et vérité*. Paris: PUF.

Rowles, D. 1992. *Comment former aux liens et échanges scolaires par une approche interculturelle*. Strasbourg: Conseil de l'Europe.

Sartre, J. P. 1990. *L'universel singulier in Situations philosophiques*. Paris: Gallimard.

Sayad, A. 1992. *L'immigration ou les paradoxes de l'atérité*. Bruxelles: De Boeck.

Schadron, G. et V. Yzerbit. 1996. *Connaître et juger autrui. Une introduction à la cognition sociale*. Presses Universitaires de Grenoble.

Schlesinger, A. 1993a. *La désunion de l'Amérique*. Paris: Liana Levi (éd. orig. 1991).

_____. 1993b. *Le Monde*, 27 avril.

Schnapper, D. 1991. *La France de l'intégration. Sociologie de la nation en 1990*. Paris: Gallimard.

Schutz, A. 1987. *Le chercheur et le quotidien, phénoménologie des sciences sociales*. Paris: Éd. Méridiens-Klincksieck (éd. orig. 1971).

Segalen, V. 1978. *Essai sur l'exotisme. Une esthétique du divers*. Paris: Fata Morgana (éd. posthume).

Serres, M. 1991. *Le tiers instruit*. Paris: François Bourrin.

Shanker A. 1995. "De l'importance de l'instruction civique." in *The Washington Times*.

Streissf-Fenart, J. 1995. *Théories de l'ethnicité*. Paris: PUF.

Taguieff, P. A. 1987. *La force du préjugé. Essai sur le racisme et ses doubles*. Paris: La Découverte.

Tapia, Cl. 1973. "Contacts interculturels dans un quartier de Paris." in *Cahiers internationaux de sociologie*, vol. LIV.

_____. 1994. *Multiculturalisme. Différence et démocratie*. Paris: Aubier (é

d. orig. 1992).

Todorov, T. 1982. *La conquête de l'Amérique. La question de l'autre*. Paris: Seuil.

_____. 1995. "Du culte de la différence à la sacralisation de la victime." in *Esprit*, juin.

Touraine, A. 1978. *La voix et le regard*. Paris: Seuil.

_____. 1984. *Le retour de l'acteur*. Paris: Fayard.

Vasquez-Bronfman, A. et I. Martinez. 1996. *La socialisation à l'école. Une approche ethnographique*. Paris: PUF.

Wallon, H. 1959. "Le rôle de l'autre dans la conscience du moi." in *Enfance*, n°3/4, mai-octobre.

Walzer, M. 1992. "Les deux universalismes." in *Esprit*, décembre.

Watzlawick, P. 1987. *Guide non conformiste pour l'usage de l'Amérique*. Paris: Seuil (éd. orig. 1978).

_____. *et al*. 1972. *Une logique de la communication*. Paris: Seuil (éd. orig. 1967).

_____. *et al*. 1975. *Changements, paradoxes et psychothérapie*. Paris: Seuil (éd. orig. 1973).

Wieviorka, M. (ouvrage collectif). 1996. *Une société fragmentée? Le multiculturalisme en débat*. Paris: La Découverte.

Winkin, Y. 1996. *Anthropologie de la communication*. Bruxelles: De Boeck Université.

Woods, P. 1991. *L'ethnographie de l'école*. Paris: A. Colin.

Young, T. R. et P. Chassy. 1971. "La restauration d'une identité: les black muslims." in *Cahiers internationaux de sociologie*, n°51.

Zarate, G. 1994. *Représentations de l'étranger et didactique des langues*. coll.
CREDIF. Paris: Didier.

La recherche interculturelle (2 t.), Paris: L'Harmattan, 1989.

L'éducation multiculturelle, Paris: OCDE/CERI, 1987.

L'interculturel en éducation et en sciences humaines, 2 vol., Toulouse: Actes
du colloque, juin 1985.

찾아보기

ㅈ

지은이 **마르틴 압달라-프렛세이**

1973년 파리 I 대학에서 역사학 석사 학위를, 1985년 파리 V 대학에서 교육학 박사 학위를 취득했다. 1992년에는 파리 III 대학 외국어 - 프랑스어 학과에서 강의했고, 1994년에는 브뤼셀 자유대학에서 객원교수로 일했다. 1999년부터 2005년까지 파리 VIII 대학 교육학과 교수로 재직했다. 이 책을 쓸 당시에는 파리 III 대학 교수 및 세브르의 국제교육정보센터(CIEP)의 부원장으로 있었다. 2010년 현재 파리 VIII 대학 특임교수로 있으면서 베르나르 그레고리(Bernard Gregory) 연구재단을 이끌고 있다. 주요 저서로는 *Vers une pédagogie interculturelle*(1990), *Education et communication interculturelle*(1996), *Ethique de la diversité et éducation*(1998), *Former et éduquer en contexte hétérogène. Pour un humanisme du divers*(2003) 등이 있고, 상호문화교육과 관련된 많은 논문이 있다.

옮긴이 **장한업**

서울대학교 사범대학 불어교육과를 졸업하고 서울 광남고등학교에서 잠시 교편을 잡다가 1987년 프랑스 루앙 대학교로 유학을 떠나 외국어-프랑스어 교육학 석사(1988), 사회언어학 석사(1989), 외국어 - 프랑스어 교육학 박사(1993) 학위를 취득했다. 박사 학위를 취득 후 귀국해 2년간 EBS 라디오 프랑스어회화 방송 <봉주르 라 프랑스>를 진행하면서 동시에 서울대학교, 한국외국어대학교, 한국교원대학교 등 여러 대학에서 강의하다가 1997년 이화여자대학교 사범대학 외국어교육전공 교수로 임용되었다. 1999년 동 대학교 인문대학 불어불문전공 교수로 자리를 옮겨 지금까지 봉직하고 있다. 주된 관심사는 외국어 - 프랑스어교육이지만, 2002년부터 일상생활에서 쓰이고 있는 외국어, 외래어의 어원을 연구하고 동 대학 평생교육원을 통해 전국 각지에서 강연을 하고 있다. 또한 2009년부터는 점점 확산되고 있는 한국 다문화 사회에도 큰 관심을 가지고 있으며, 특히 유럽의 상호문화교육을 국내에 소개하고 적용하고자 노력하고 있다. 저서로는 『한국의 불어교육』을 비롯한 여러 권이 있고, 「프랑스의 상호문화교육과 미국의 다문화교육의 비교연구」 등의 많은 논문이 있다.

한울아카데미 1285

다문화 사회의 새로운 교육적 대안

유럽의 상호문화교육

지은이 • 마르틴 압달라-프렛세이
옮긴이 • 장한업
펴낸이 • 김종수
펴낸곳 • 한울엠플러스(주)

초판 1쇄 발행 • 2010년 9월 3일
초판 2쇄 발행 • 2017년 5월 15일

주   소 • 10881 경기도 파주시 광인사길 153 한울시소빌딩 3층
전   화 • 031-955-0655
팩   스 • 031-955-0656
홈페이지 • www.hanulmplus.kr
등록번호 • 제406-2015-000143호

Printed in Korea.
ISBN 978-89-460-6341-9 93370